BUZZ

© 2024, Antonella Satyro
© 2024, Buzz Editora

Publisher ANDERSON CAVALCANTE
Coordenadora editorial DIANA SZYLIT
Editor-assistente NESTOR TURANO JR.
Analista editorial ÉRIKA TAMASHIRO
Preparação GABRIELE FERNANDES
Revisão MEL RIBEIRO E ADRIANA BAIRRADA
Projeto gráfico ESTÚDIO GRIFO
Assistente de design JÚLIA FRANÇA
Imagem de capa LEITNERR/ADOBE STOCK

Nesta edição, respeitou-se o novo Acordo Ortográfico da Língua Portuguesa.

Dados Internacionais de Catalogação na Publicação (CIP)
Câmara Brasileira do Livro, SP, Brasil

Satyro, Antonella
Líderes que curam: Construa sua liderança do futuro, com uma equipe motivada, engajada e de melhor performance /Antonella Satyro
São Paulo: Buzz Editora, 2024, 1ª ed.
208 pp.

ISBN 978-65-5393-302-6

1. Autoajuda 2. Economia 3. Empreendedorismo 4. Gestão de negócios 5. Liderança I. Título.

CDD-658.4092   24-189900

Elaborado por Eliane de Freitas Leite   CRB 8/8415

Índice para catálogo sistemático:
1. Liderança: Administração de empresas 658.4092

Todos os direitos reservados à:
Buzz Editora Ltda.
Av. Paulista, 726, Mezanino
CEP 01310-100, São Paulo, SP
[55 11] 4171 2317
www.buzzeditora.com.br

ANTONELLA SATYRO

LÍDERES QUE CURAM

Construa sua liderança do futuro, com uma equipe motivada, engajada e de melhor performance

Dedico este livro à memória do meu estimado pai, Raul Satyro, cujo legado de liderança empática e visionária, assim como a capacidade de inspirar por meio de palavras e ações, moldou meu caminho. Graças a ele, aprendi que somos arquitetos da nossa vida.

À minha admirada tia Shirley Duarte Guimarães, exemplo notável de independência feminina além do próprio tempo. Seu ensinamento de perseguir sonhos além das fronteiras imagináveis ressoaram profundamente em minha jornada.

E, por último, à minha mãe, que sempre me estimulou a enfrentar meus medos. Com ela aprendi muitas coisas, como a escutar a vontade autêntica da minha alma e construir a coragem necessária para incorporar a líder que nasci para ser.

9
Introdução

13
CAPÍTULO UM
Reflexões sobre autoconhecimento, liderança humanizada e líderes que curam

57
CAPÍTULO DOIS
Afinal, na prática, o que é ser uma liderança humanizada e que cura?

137
CAPÍTULO TRÊS
Ferramentas do líder humanizado: criando e gerenciando times humanizados na sua melhor performance

195
Considerações finais

197
Agradecimentos

199
Referências

201
Glossário

INTRODUÇÃO

Você já parou para pensar que chamamos as habilidades comportamentais de *soft skills*? Pois é, costumo brincar que de *soft* elas não têm nada.

Que tal mudarmos para *human skills*? Faz muito mais sentido, afinal somos humanos — erramos, aprendemos, evoluímos, desaprendemos, reaprendemos e continuamos neste processo chamado vida. Em tradução livre, *human skills* significa "habilidades humanas". Esse termo refere-se a um conjunto de habilidades sociais, emocionais e comportamentais que são consideradas essenciais para a interação eficaz e bem-sucedida entre as pessoas.

As *human skills* são características intrinsecamente humanas que complementam as habilidades técnicas e cognitivas. Enquanto as habilidades técnicas se referem ao conhecimento e às competências específicas necessárias para realizar uma tarefa ou trabalho, as *human skills* estão relacionadas à forma como nos relacionamos, nos comunicamos e colaboramos com os outros.

Algumas das principais *human skills* incluem:

→ Inteligência emocional: a capacidade de reconhecer, compreender e gerenciar nossas próprias emoções e as emoções dos outros. Isso envolve capacidade de sentir empatia, autogerenciamento emocional e habilidades de relacionamento interpessoal.
→ Comunicação eficaz: a capacidade de transmitir ideias e informações de forma clara, concisa e adequada ao contexto. Isso envolve habilidades de escuta ativa, expressão verbal e não verbal, e adaptação da comunicação para diferentes públicos.
→ Trabalho em equipe e colaboração: a capacidade de trabalhar efetivamente em grupo, compartilhar responsabilidades, colaborar, resolver conflitos e alcançar objetivos comuns. Isso envolve habilidades de negociação, liderança, flexibilidade e cooperação.

→ Pensamento crítico e resolução de problemas: a capacidade de analisar informações, avaliar situações, identificar problemas, desenvolver soluções e tomar decisões fundamentadas. Isso envolve habilidades de análise, criatividade, tomada de decisão e pensamento estratégico.
→ Adaptabilidade e flexibilidade: a capacidade de se adaptar a novas situações, lidar com mudanças, aprender rapidamente e se ajustar a diferentes contextos. Isso inclui habilidades de aprendizado contínuo, resiliência e abertura para a inovação.

Essas habilidades são cada vez mais valorizadas no ambiente de trabalho e na sociedade em geral. À medida que a interação humana se torna cada vez mais importante em um mundo globalizado e orientado para a tecnologia, as *human skills* desempenham um papel crucial no estabelecimento de relacionamentos saudáveis, na liderança eficaz, na resolução de problemas complexos e na promoção do bem-estar geral.

Também costumo dizer que **viver requer coragem e compromisso**, pois é preciso ser corajoso e ler nas entrelinhas, isto é, aprender a identificar sentimentos e emoções além do radar físico.

Se você é uma pessoa corajosa, vai adorar este livro. Nele encontrará histórias reais sobre meu aprendizado com os melhores líderes — e alguns não tão bons assim — que conheci e tive o prazer — ou desprazer — de conviver. Você viajará comigo pelas narrativas mais encantadoras de que um líder ou uma líder do futuro pode se valer para impactar positivamente a vida de alguém e ao mesmo tempo ajudar a curar pessoas — afinal, todos estamos aqui para curar alguma coisa.

É importante ressaltar que as histórias contidas neste livro não representam necessariamente a realidade de cada indivíduo, mas sim a minha perspectiva dos fatos. Nesse sentido, é fundamental lembrar que pontos de vista são relativos e podem variar de pessoa para pessoa. Portanto, ao embarcar nesta jornada, esteja ciente de que as histórias aqui narradas são produtos da minha interpretação dos acontecimentos.

Além disso, você compreenderá como eu pensava e agia ANTES e como passei a pensar e agir DEPOIS, graças aos aprendizados que adquiri, que possibilitaram minha melhora, evolução e desenvolvimento como pessoa e profissional. Outro ponto importante é que as histórias não estão em ordem cronológica, e sim de acordo com os aprendizados e temáticas, para que tenham mais sentido quando você as estiver lendo.

Viver com a certeza de que estamos desenvolvendo nosso potencial máximo é experienciar a dualidade que nos permeia, ou seja, confrontar bem e mal, certo e errado, masculino e feminino. E encarar sentimentos que nem sempre queremos assumir que temos, como dor, raiva, angústia, ansiedade, entre outros. A boa notícia é que todos nós sentimos isso, pois somos HUMANOS. O que nos diferencia é a forma **como lidamos com esses sentimentos e emoções e os ressignificamos**.

Engana-se o líder que diz saber tudo e engana-se quem acredita nesse líder. Aliás, arrisco-me a dizer que essa falácia é uma romantização da liderança. Os verdadeiros líderes têm capacidade analítica para discernir o que se aplica ou não em uma situação e aprendem a fazer perguntas que extraem o melhor de cada liderado e liderada, para então tomar decisões assertivas baseadas em seu julgamento. Líderes que estão em constante aprendizado analisam cada situação, tiram lições do que foi feito, do que foi bom e notam o que pode ser melhorado para uma próxima vez.

Engana-se quem acha que liderança é sobre status, poder ou títulos. Liderança é sobre liderar pessoas e ajudá-las a se desenvolver fazendo uso das melhores ferramentas disponíveis: seja através de habilidades humanas e frameworks, seja por meio de exercícios e feedbacks construtivos, mas **sempre colocando o ser humano em primeiro lugar**. Isso deveria ser óbvio, mas não é, e posso afirmar pela minha experiência convivendo e treinando líderes, CEOs e empreendedoras de todo tipo de background, cultura e nacionalidade.

Sente-se, pegue um café (ou vinho) e aproveite as lições que este livro oferece. Se chegou aqui é porque ouviu o chamado para se tornar uma pessoa e um profissional melhor. A leitura será leve e prazerosa, pois acredito no **poder lúdico do aprendizado**, e é por isso que quero que você leia este livro sempre pensando **naquilo que pode aplicar na sua prática diária**. De nada adianta saber todas as teorias se não as aplicamos no nosso cotidiano. Trata-se do conceito de *lifelong learning*, ou seja, aplicar o que se aprende, e é isso que vai diferenciar você do efeito manada.

Durante a leitura, vai acreditar e desacreditar na liderança, mas, acima de tudo, vai se perguntar:

- → Que tipo de líder quero ser?
- → Como posso impactar positivamente as pessoas ao meu redor e fazer a diferença?
- → O que trago para a mesa como diferencial?
- → Como criar e expandir minha consciência para me tornar o líder ou a líder do futuro?

Vamos juntos?

1.

Reflexões sobre autoconhecimento, liderança humanizada e líderes que curam

Aqui, abordaremos a importância do autoconhecimento e do desenvolvimento pessoal para os líderes, bem como a necessidade de adotar uma abordagem humanizada na liderança.

Exploraremos a ideia de que líderes eficazes não apenas buscam resultados e metas, mas também se preocupam com o bem-estar e o crescimento pessoal de suas equipes.

Discutiremos também como a liderança que cura envolve a criação de um ambiente de trabalho saudável, onde os membros da equipe se sintam valorizados, apoiados e motivados a alcançar seu pleno potencial.

Este capítulo oferece reflexões e insights sobre como os líderes podem se tornar agentes de transformação, promovendo o crescimento pessoal e profissional das pessoas que lideram, e como isso pode impactar positivamente o desempenho e o engajamento da equipe.

Autoconhecimento é o começo de tudo

Toda e qualquer jornada em busca de criar uma vida melhor, mais plena, e de fortalecer a confiança em si mesmo, alcançar objetivos e realizações começa com autoconhecimento. É necessário ter consciência de quem somos, de nossas qualidades e pontos a melhorar, de nossa luz e nossa sombra, do que somos capazes, do nosso eu como um todo.

Deixo algumas perguntas para reflexão:

→ Quem é você?
→ O que move sua vida?
→ Você está emocionalmente pronto para liderar?
→ Qual é o seu propósito como líder?
→ Como quer tratar as pessoas ao seu redor? E seus liderados?
→ Que impacto quer causar na vida das pessoas?

Para atingir o potencial máximo na liderança, há duas formas de autoconsciência que precisamos desenvolver:

1. Autoconsciência interna: diz respeito a compreender nossos valores pessoais e princípios, nossos pensamentos, sentimentos e experiências. Ela nos permite reconhecer que somos seres individuais com uma história pessoal, desejos, objetivos e crenças. A autoconsciência interna é frequentemente associada à reflexão e à autorreflexão. Ela nos permite avaliar nossas próprias ações e comportamentos, compreender nossas motivações e tomar decisões com base nessa compreensão. Além disso, a autoconsciência interna está relacionada ao desenvolvimento da empatia, da moralidade e da capacidade de compreender as emoções e intenções dos outros. Essa autoconsciência nos permite realizar o alinhamento com o trabalho e a empresa, bem como entender as emoções e os efeitos que causamos nas pessoas ao nosso redor.
2. Autoconsciência externa: pode ser considerada como a capacidade de estar consciente de como os outros nos percebem e interpretam. Ela envolve a compreensão de como nossas ações, palavras e comportamentos impactam os outros e como somos vistos pelos demais. A autoconsciência externa é uma habilidade social importante, pois nos permite ajustar nosso comportamento e comunicação de acordo com o contexto social. Ela envolve a capacidade de ler as pistas sociais, como expressões faciais, linguagem

corporal e tom de voz, para entender as reações e emoções dos outros em relação a nós. Ao desenvolver a autoconsciência externa, podemos ser mais empáticos, compreender melhor as necessidades e perspectivas dos outros e adaptar nosso comportamento para construir relacionamentos mais saudáveis e eficazes. Isso envolve a habilidade de se colocar no lugar do outro e considerar como nossas ações podem afetar os sentimentos e bem-estar das pessoas ao nosso redor.

Uma pesquisa de Harvard[1] realizada por Tasha Eurich, psicóloga organizacional e escritora conhecida por seu trabalho no campo da autoconsciência e do desenvolvimento pessoal, demonstra que 95% da população estudada acredita que possui um excelente nível de autoconsciência, mas apenas 10-15% são realmente conscientes das suas atitudes e ações. Um dos grandes desafios dos líderes e de qualquer pessoa que queira se desenvolver como ser humano e profissional é conseguir identificar padrões que sabotam o desenvolvimento e as relações, entender as necessidades e os desejos por trás das ações e ressignificar as emoções negativas em força motriz, ou seja, em movimento que impulsiona.

Uma vez que o líder consegue desenvolver essa capacidade de se auto-observar criticamente e questionar suas atitudes, pode atingir patamares inimagináveis. Pesquisadores chamam essa habilidade de metacognição: a reflexão sobre o próprio ato de refletir.

Essa capacidade de pensar sobre o próprio pensamento é a consciência e o controle que temos sobre nossos processos cognitivos, como percepção, memória, atenção e resolução de problemas. A metacognição envolve a habilidade de monitorar e regular nossos próprios processos mentais e refletir sobre eles.

---

[1] EURICH, Tasha. "What Self-Awareness Really Is (and How to Cultivate It)". *Harvard Business Review*. Disponível em: <https://hbr.org/2018/01/what-self-awareness-really-is-and-how-to-cultivate-it>. Acesso em: 22 set. 2023.

A palavra "metacognição" é derivada do termo grego *meta* (além, depois, sobre) e do termo latino *cognitio* (conhecimento). Assim, a metacognição está relacionada a um nível mais elevado de conhecimento e compreensão sobre como pensamos e aprendemos.

A metacognição envolve diferentes aspectos, como:

1. Conhecimento declarativo: é o conhecimento sobre nós mesmos como aprendizes; nossas habilidades, pontos fortes e fracos, estratégias de aprendizagem eficazes, recursos disponíveis e demandas da tarefa.
2. Conhecimento processual: é a compreensão dos processos cognitivos envolvidos na realização de uma tarefa, como a compreensão de um texto, resolução de problemas matemáticos ou tomada de decisões. Compreender como esses processos funcionam permite que façamos ajustes e adaptações conforme necessários.
3. Conhecimento condicional: é a compreensão das condições em que certas estratégias ou processos cognitivos são mais eficazes. Isso envolve a capacidade de selecionar as estratégias mais adequadas para lidar com diferentes situações de aprendizagem.

Além disso, a metacognição também inclui a autorreflexão, a autorregulação e a avaliação do próprio desempenho. Isso envolve a capacidade de monitorar nosso nível de compreensão, identificar dificuldades, ajustar estratégias e fazer pausas para revisar e corrigir erros.

A metacognição desempenha um papel crucial na aprendizagem eficaz, na solução de problemas e no desenvolvimento de habilidades. Ao compreender e regular nossos processos cognitivos, podemos melhorar nosso desempenho acadêmico, profissional e pessoal.

Pessoas capazes de unificar essas inteligências de modo sistêmico evoluem constantemente, pois têm a habilidade de identificar por que e como algo acontece, ressignificando ou mudando pensamentos e atitudes no momento em que ocorrem. Trata-se de um nível elevado de autoconsciência que poucas têm.

A seguir, um exemplo prático sobre a importância de desenvolver a nossa metacognição: imagine uma reunião entre líderes e gerentes em que é preciso escolher os novos e as novas líderes a receber promoção para ocupar uma posição de gerência. Acompanhe o diálogo:

→ **Pessoa 1:** "Não há ninguém apto para assumir essa posição".
→ **Pessoa 2:** "Vejo que há três pessoas com as capacidades e habilidades necessárias que estamos buscando e podemos discutir sobre elas: a fulana, o sicrano e a beltrana".
→ **Pessoa 3:** "Nenhum desses está pronto para ser promovido".
→ A discussão segue sem consenso entre as partes.
→ **Pessoa 2 (complementa):** "Que tal falarmos sobre os três potenciais candidatos aptos a assumir a posição, indicando os prós e os contras no trabalho de cada um e o que precisam desenvolver? E o mais importante: como nós, líderes, podemos ajudar nesse desenvolvimento? Depois dessa análise, vai ficar mais claro se temos ou não fortes candidatos e candidatas para a promoção".

O que aconteceu no exemplo que vimos? A conversa começou de forma negativa, parecendo sem solução. A **Pessoa 2** então mencionou três candidaturas em potencial, e esse argumento foi um avanço. Isso mostra que a **Pessoa 2** identificou a situação negativa e percebeu como contorná-la em tempo. Assim, conseguiu integrar todos os seus conhecimentos de maneira simples e leve porque, mesmo que as três pessoas sugeridas não passem pelo crivo dos líderes, o espaço estava aberto para falar sobre como poderiam ser treinadas para alcançar a promoção ou mesmo trazer outras potenciais indicações. Ou seja, trazer esse argumento no momento certo propiciou novas possibilidades, novos caminhos e novas decisões.

Um líder que cura desenvolve essa capacidade profunda de observação e cognição para entender o ambiente, a situação e as pessoas ao redor e ser capaz de mudar o rumo de qualquer problema.

O que mais podemos perceber nesse exemplo? Que o ambiente talvez não seja fértil para desenvolver pessoas e que talvez a liderança esteja buscando pessoas "prontas"? Talvez sim, talvez não. Não temos todo o contexto para realizar tal julgamento, podemos apenas inferir uma opinião naquilo que temos conhecimento.

Portanto, você está convidado a refletir:

Como se portaria em uma conversa como essa?
O que faria? Como falaria?
Qual seria o seu posicionamento?

Quem somos como líderes humanizados e do futuro?

O que nos move? A vontade de evoluir como ser humano e como profissional, o afeto pelas pessoas, o prazer de ver alguém se desenvolvendo e alcançando os seus objetivos. O desejo de querer aprender sobre novas perspectivas e diferentes formas de pensar. A autenticidade, a transparência e a ética, já que são essas características que nos tornam líderes reais e humanizados.

E, por fim, o erro, pois é errando que se aprende. Engana-se quem acha que são os acertos que nos levam além. Eles apenas reafirmam que estamos no caminho certo, mas são os erros que nos colocam no próximo degrau a cada dia, deixando-nos mais perto da líder do futuro que queremos ser.

E o que não deve nos mover? A ganância, o ego e o poder. Quando nos tornamos líderes, passamos a contribuir através das pessoas, ou seja, devemos ficar felizes ao ver os indivíduos que lideramos se desenvolvendo. O foco deixa de estar sobre nós para estar sobre eles.

Assim, é importante que analisemos nossos valores e princípios, que estão organizados no nosso inconsciente, assim como os da empresa da qual fazemos parte.

Faça a seguinte reflexão:

→ Quais são os meus valores e princípios primordiais e irrevogáveis?
→ De que modo meus valores e princípios se adequam ao ambiente (e vice-versa)?
→ Como agem os líderes no mesmo patamar que eu e os que estão acima de mim?
→ Consigo perceber se esses líderes ou a empresa têm uma agenda clara ou oculta em relação aos valores e aos princípios que dizem aplicar?

Quero contar uma história. Em um time que liderei, havia um colaborador extremamente organizado, colaborativo, proativo e comprometido, o Luciano, um garoto simplesmente incrível, sempre disposto a aprender, e toda vez que recebia um desafio ia atrás de informações e conhecimento. Pode-se dizer que era bem-sucedido em sua posição, nas suas atitudes e comportamentos. Então apareceu a oportunidade de ele ser promovido para o cargo que queria como *scrum master*, o qual estava no seu plano de carreira. Ele estava pronto, essa nova posição lhe renderia um grande aprendizado, e o time para o qual potencialmente entraria era excelente. Era uma oportunidade de se posicionar como um futuro líder com valores e princípios alinhados aos de uma liderança servidora.

A liderança servidora coloca o bem-estar e o crescimento dos liderados como uma prioridade. Ao contrário de abordagens mais tradicionais, que se concentram no poder e na autoridade do líder, a liderança servidora se baseia na ideia de servir aos outros e ajudá-los a alcançar seu pleno potencial.

Esse estilo de liderança foi popularizado pelo escritor e consultor de negócios Robert K. Greenleaf em seu ensaio de 1970, intitulado "O servo como líder". Greenleaf argumentou que os líderes eficazes são aqueles que têm uma atitude de servir aos outros, colocando as necessidades e o crescimento dos liderados em primeiro lugar. Eles se preocupam genuinamente com o bem-estar das pessoas que lideram e buscam ajudá-las a se desenvolver, alcançar seus objetivos e se tornar líderes em si mesmas.

Os líderes servidores demonstram várias características e comportamentos, incluindo:

1. **Empatia**: têm a capacidade de entender e se colocar no lugar dos outros, demonstrando interesse genuíno nas necessidades, preocupações e perspectivas dos seguidores.
2. **Altruísmo**: colocam o interesse dos outros acima dos próprios, buscando o bem-estar e o sucesso de quem lideram.
3. **Humildade**: reconhecem que não têm todas as respostas e estão dispostos a ouvir e aprender com os outros. Eles valorizam as contribuições de cada membro da equipe.
4. **Desenvolvimento de pessoas**: eles se concentram no crescimento e no desenvolvimento dos liderados fornecendo suporte, orientação e oportunidades de aprendizado.
5. **Construção de comunidade**: promovem um senso de comunidade e colaboração, incentivando a cooperação e a participação de todos os membros da equipe.

A liderança servidora tem sido associada a resultados positivos, como maior satisfação no trabalho, comprometimento dos funcionários, desempenho organizacional e desenvolvimento de líderes emergentes. Ao criar um ambiente de confiança, respeito e apoio mútuo, os líderes servidores podem ajudar a cultivar uma cultura organizacional saudável e orientada para o crescimento.

É importante ressaltar que ser uma liderança servidora não significa ser subserviente ou passivo. Ao contrário, os líderes servidores ainda têm responsabilidades e tomam decisões, mas sua abordagem é fundamentada na ideia de servir aos outros e capacitar aqueles que lideram.

Marquei uma reunião 1:1 com o meu gerente na época e falei dessa oportunidade e como essa promoção poderia ser ótima para o rapaz, pois aliava suas habilidades com plano de carreira; enfim, expliquei tudo tim-tim por tim-tim. Sabe o que ele respondeu? "Não podemos autorizar a promoção do Luciano. Teremos que esperar uma próxima oportunidade."

Como líder, essa resposta não me satisfez. Senti-me exatamente quando criança e minha mãe me dizia que não podia fazer algo, mas não me dizia o porquê, ou seja, não tinha uma justificativa plausível.

Perguntei: "Por quê?".

A resposta: "Neste momento, não tenho como liberá-lo, pois vai afetar o time, que ficará muito sobrecarregado. Vou esperar, quem sabe no futuro aparece outra oportunidade".

Talvez apareça mesmo e não seja o momento, mas é importante avaliar o que poderia ser feito nesse caso. Alguns questionamentos válidos são:

→ Esse colaborador contribuiu com o time, aprendeu e compartilhou conhecimento?
→ Ele quer aproveitar essa oportunidade?
→ O que ele vai desenvolver na nova posição? Isso está alinhado ao que ele deseja no momento?
→ Como o time em conjunto pode mitigar riscos, problemas e demandas que possam surgir na saída desse colaborador, ajudando-o a ser promovido e pensando no bem comum?

Liderar não é sobre o líder, e sim sobre os liderados. Se o colaborador fez por merecer, se a oportunidade bateu à porta, por que não avaliar a situação com parcimônia e empatia? Como você se sentiria se sua líder não lhe desse uma oportunidade porque considera que você é insubstituível?

Obviamente, cada situação tem sua particularidade. Às vezes a demanda do time é tão grande que se torna quase impossível autorizar a promoção de um colaborador e o líder acha que ao priorizar a equipe coloca a empresa em primeiro lugar, mas avaliar isso analiticamente é demonstrar humanização pela carreira de seus liderados. Fazer o que estiver ao alcance para encontrar formas de desenvolver pessoas é ser líder.

Talvez a pergunta que precisamos nos fazer é: "Como encontrar uma decisão equilibrada que seja boa para todos? Na qual o colaborador a ser promovido, líder e time se sintam incluídos e valorizados?". Afinal, construir um ambiente onde os colaboradores se sentem felizes é o que torna uma empresa mais produtiva, eficiente e lucrativa, não é mesmo?

Outra opção é perguntar para as pessoas do time: "Apareceu uma vaga para o Luciano e é uma ótima oportunidade de desenvolvimento para ele. Se o movermos agora, a demanda individual vai aumentar até que consigamos alguém para substituí-lo e para contribuir ativamente como ele estava fazendo. Qual é a pior consequência disso e o que podemos fazer pensando no bem coletivo?".

Todas as vezes que fiz essa última pergunta em casos parecidos, nunca alguém do time disse que não ou que não era o momento — até porque os membros da equipe imaginam como seria se estivessem na mesma situação e recebessem resposta negativa. Quando colocamos os colaboradores para tomar decisões em conjunto, estamos dizendo indiretamente que a opinião deles importa, é considerada e ouvida. E quem não quer ser ouvido?

Precisamos dar às pessoas o direito de se expressarem; precisamos ouvi-las mais e incluí-las nas decisões. Afinal, você, líder, contratou os melhores profissionais para o seu time. Ouça a todos e surpreenda-se com as ideias maravilhosas que vão surgir.

Lideranças sábias...

- → Veem potencial nas pessoas e as contratam para iluminar o caminho.
- → Abrem espaço para que os colaboradores opinem e as ajudem a tomar decisões assertivas.
- → Dão feedback transparente mostrando o contexto (situação macro na qual as pessoas estão inseridas), trazem conheci-

mento, exemplos e histórias motivadoras e, acima de tudo, fazem perguntas para que os profissionais encontrem as melhores respostas, valorizando o que cada ser humano tem de melhor.

Reflita:

Como quero engajar meus liderados e minhas lideradas no contexto do time e decisões?
Tenho inspirado meus liderados e minhas lideradas?

Resumo da história: Luciano não foi promovido nesse momento porque a alta liderança não aprovou, mas eu continuei tentando a cada nova oportunidade. Ele foi promovido apenas alguns anos depois.

A cura também está no corpo

Nosso corpo é uma máquina complexa, composta de diversas engrenagens em movimento, cujos sinais podemos captar se realmente pararmos para escutá-lo. Sentir e perceber esses sinais é fundamental. No entanto, nossa tendência de valorizar excessivamente a mente em detrimento do corpo nos leva a negligenciar suas necessidades, mensagens e sensações. Fomos ensinados a direcionar nosso valor para outras áreas, principalmente quando se trata de ouvir o nosso corpo e suas reações nos ambientes profissionais em que estamos inseridos; e, na grande maioria das vezes, acabamos perdendo a conexão e consciência corporal.

Quantas pessoas você conhece que se perguntam:

→ O que meu corpo está dizendo?
→ Pelo que meu corpo anseia e do que necessita?
→ Do que gosta?
→ Do que não gosta?

Um exemplo fantástico disso é que nós, mulheres, temos tendência a fazer dietas durante boa parte da nossa vida e, graças a isso, acabamos perdendo a noção de quanto precisamos comer para ficar satisfeitas, ou seja, não conseguimos medir o tamanho real da nossa fome (em vários sentidos). Assim, deixamos de lado a sintonia com o corpo para escutar apenas a mente.

A grande verdade é que só conseguimos criar uma vida como seres integrais — e ao mesmo tempo plurais — se escutamos também o que nosso corpo quer nos dizer.

Certo dia, passei a fazer um exercício: comecei a observar como meu corpo reagia quando eu dizia "não" para alguém ou me posicionava de forma mais assertiva. Pois bem, como líderes, precisamos dar feedbacks sinceros e notícias difíceis, e esses momentos sempre foram desafiadores para mim; mas até esse experimento, eu não conseguia perceber no meu corpo o quanto essa minha dificuldade me afetava.

Ainda me lembro de quando precisei conversar com um colaborador que era excelente no trabalho, extremamente focado e direto, mas que não percebia ter alterações de comportamento visíveis e que, quando contrariado, não sabia lidar com as emoções, pois achava que as pessoas estavam contra ele; como consequência, aumentava a voz e até chegava a magoar os colegas de equipe. Provavelmente, isso era consequência da forma como fora criado pela família ou do conjunto de situações vividas por ele.

Realizei uma preparação profunda antes dessa conversa, apontei alguns exemplos de situações que haviam acontecido entre o colaborador e a equipe e também trouxe situações nas quais ele tinha sido abrupto comigo.

Senti um desconforto como se algo tivesse pesado no estômago, mas consegui identificar que aquela era a ação corajosa que precisava tomar como líder. Recordo que minha voz saiu mais baixa, delicada, e falei até mais devagar. Essa era a minha maneira de mostrar que eu dizia aquilo com carinho e preocupação.

Foi quando caiu a ficha do que li no livro *A coragem para liderar*, da Brené Brown. Ela conta que fez uma pesquisa com diversos entrevistados e todos mencionaram que os líderes precisam ser mais corajosos, mas, quando questionados sobre as habilidades importantes para alcançar uma liderança corajosa, a grande maioria não sabia elencá-las. Para mim, esse foi um dos grandes momentos em que tive um comportamento corajoso como líder para falar sobre isso abertamente, e fui honesta ao dizer que como mentora e coach poderia ajudá-lo, mas que para algumas questões mais profundas ele teria que se consultar com um psicólogo ou psicanalista.

Passei a observar que toda vez que eu tinha uma conversa difícil ou que trazia a minha vulnerabilidade com alguém ou de alguma forma, sentia o tal desconforto no estômago ou um frio na barriga. Muitas vezes era uma reação sutil, que, se eu não estivesse prestando atenção, passaria despercebida. Então me dei conta de que meu corpo falava muito mais do que eu era capaz de notar e de que os sinais apareciam antes mesmo de eu começar falar.

A partir dessas observações, passei a perceber como sou sensível e sinto as emoções reverberando em todo o meu corpo. Claro, todos temos sentimentos, mas algumas pessoas são mais emotivas que outras. Ouso dizer que sou uma "PAS", uma pessoa altamente sensível, conceito elencado no livro de Elaine N. Aron, *Pessoas altamente sensíveis*.

Fiz uma reflexão profunda para tornar essas emoções cada vez mais conscientes e, aliado a esse processo, observava as sensações físicas que sentia quando tinha que dizer não, dar um feedback difícil ou me posicionar em uma situação que sabia que poderia gerar conflitos. Levou alguns meses até que eu começasse a entender a profundidade do todo, mas pouco a pouco as coisas foram ficando mais claras e comecei a compreender o sistema holístico que funcionava em meu interior.

O *turning point* foi compreender quando e por que isso acontecia. Conhecimento é poder, e somos capazes de ressignificar qualquer sentimento. Dessa forma, pude mudar a alquimia das sensações, aliando-as a um diálogo mais confiante e corajoso e praticando aquilo em que eu realmente acreditava (e que alguns poderiam ver como fraqueza).

Em vez de pensar "Vou magoar ou frustrar essa pessoa dizendo 'não'", ressignifiquei para: "Se alguém pode dar essa notícia difícil, que seja eu, pois sei que posso fazer de maneira carinhosa e com a coragem de uma líder que se preocupa com as pessoas". Pensar assim me deu forças para falar o que poucos conseguem (ou querem). Não deixaria de ser quem eu era nem deixaria de falar o que precisava ser dito, apenas encontraria a minha melhor forma de fazê-lo, sempre colocando as pessoas em primeiro lugar. Esse é o tipo de líder que cura as próprias feridas e as dos que estão ao redor.

Fácil? Nem um pouco! Quer dizer que sempre acerto? Bem longe disso, mas tento.

Liderança é dizer as coisas mais difíceis da forma mais simples possível. É trazer clareza mesmo quando os momentos são desafiadores. Encontrar esse equilíbrio sutil com pessoas de diferentes perfis chega a ser uma arte que só aprendemos por meio de observação, autoanálise e prática.

Cada ser humano, cada situação é diferente, e o aprendizado é constante. Em algum momento vamos errar, falaremos algo atravessado ou de uma maneira que não era como a outra pessoa queria ouvir. É impossível acertar todas as vezes, por esse motivo toda jornada é um aprendizado; e, como já mencionamos anteriormente, um bom líder pode e deve aprender com o erro.

Além de me auto-observar, passei a reparar no comportamento dos colaboradores. Quando os via nervosos, preocupados, observava a forma como o corpo deles demonstrava isso. Ora falavam mais rápido, gesticulavam, ora ficavam vermelhos, retraídos.

Para aqueles que davam abertura, eu perguntava: "O que você notou ter mudado em você enquanto estava apresentando?"; "Quais foram as alterações físicas que percebeu em você ao discutir com fulano?". Às vezes usava perguntas mais amplas, outras vezes mais fechadas, dependendo da situação, da pessoa, do nível de consciência e da recepção para esse tipo de reflexão. Ou seja, comecei o laboratório comigo e depois fui adaptando-o para ensinar as pessoas ao meu redor.

O líder precisa ir tateando, observando e percebendo o quanto cada profissional está preparado para receber esses ensinamentos. Pode começar com perguntas mais simples, como as anteriores, e ver como os liderados respondem. À medida que a pessoa for demonstrando percepção, interesse e vontade de aprender mais, o líder pode ir se aprofundando no tema. Nem todos estão prontos para olhar embaixo da água, onde ficam as profundezas do nosso iceberg, mas os que estão podem se beneficiar muito com esse tipo de reflexão.

O líder plural é aquele que vai além do nível superficial e identifica nos colaboradores capacidades e habilidades nos campos mental, emocional e físico (e às vezes até no espiritual) para ajudá-los a se desenvolverem nas diversas esferas da vida. Esse tipo de líder aprende a praticar a autopercepção e eleva seu poder de cura para então curar a si e ajudar os que estão ao seu redor.

Encontrar o equilíbrio é também perdê-lo

Certa vez, eu estava em uma reunião com supervisores e gerentes para discutir sobre como poderíamos conhecer um pouco de cada colaborador e colaboradora da organização antes de começar a avaliação anual de performance. Queríamos saber quem era cada pessoa e o que fazia para, dessa forma, avaliá-la de maneira mais humanizada e profunda.

Então dei uma ideia para minha gerente: em vez de falarmos nós mesmos sobre os profissionais, por que não pedimos para que se apresentem para nós? Não existe ninguém melhor do que a própria pessoa para falar sobre si. Poderia ser por vídeo, texto e até poema, pois isso daria liberdade criativa para cada um se apresentar da maneira que quisesse. A meu ver, esse processo seria natural, e o intuito não seria julgar se alguém fez algo grandioso ou não, ou se sabe se portar diante de uma câmera, mas sim entender a essência daquele indivíduo, o tempero único que ele traz para a mesa.

A gerente disse que eu via as diferenças entre as pessoas como algo único e positivo e que eu não as julgaria, pois havia me despido dos vieses, mas que outros líderes que ainda viam as pessoas como boas ou ruins, com boa performance ou não, poderiam ver os extremos em vez de olhar para a pessoa como um todo.

Com paciência, minha gerente complementou: "Entenda que os outros gerentes estão iniciando sua caminhada de liderança humanizada e ainda não conseguem acompanhar seu raciocínio (sem vieses), que está um pouco adiante se comparado ao modus operandi em que a maioria se encontra. As pessoas ainda não estão nesse ponto, então imagine que as ideias podem estar em três estágios: conservador, normal e visionário. Antes de verbalizar uma ideia, sempre analise em qual patamar seu interlocutor está, e, se quer ter sucesso, enquadre suas ideias ao nível 'normal'. A partir daí, você traça a sua ideia visionária".

Ao refletir sobre isso, percebi que a ideia para que cada colaborador e colaboradora se apresentasse da maneira como achasse conveniente estava relacionada a minha falta de filtros e ao meu próprio desenvolvimento como líder. Alguns caminhos precisavam ser traçados antes de trazer uma ideia humanizada como essa, principalmente se nem todos estavam trilhando esse caminho ainda (vale lembrar que isso aconteceu muito antes de começar a se falar em liderança humanizada nas organizações). Seria essa a questão? Ou seria o fato de, como pessoa com TDAH,[2] eu sempre ver os passos à frente?

Devido à hiperatividade, sempre absorvi inúmeras informações e conhecimentos com facilidade, e esse conhecimento, para mim, naquela época era algo básico, pois o visualizava no que tangia as pessoas. Então para alguns eu era visionária, mas para os conservadores poderia ser outras coisas. À frente falaremos mais sobre isso.

Portanto, esse feedback me fez refletir profundamente sobre o meu modus operandi e aquele do entorno no qual estava; comecei a lembrar quantas ideias havia dado e qual tinha sido

---

[2] TDAH, sigla para Transtorno de Déficit de Atenção e Hiperatividade, é um transtorno neurobiológico caracterizado por dificuldades persistentes em manter a atenção, hiperatividade e impulsividade que pode interferir no funcionamento diário e nas relações pessoais.

a reação das pessoas na empresa, seus olhares e respostas e como eu poderia mudar o meu posicionamento e explicações para ser mais bem compreendida.

A mesma coisa aconteceu quando comentei com uma supervisora e um gerente que a empresa poderia ter uma psicóloga ou um coach permanente à disposição dos(as) líderes para quando tivessem que tomar uma decisão difícil, que envolvesse grandes mudanças e, consequentemente, grandes impactos. Ter esse apoio poderia ajudar as lideranças a tomarem decisões mais inclusivas e com um gerenciamento de mudança mais efetivo.

Mesmo que já tivéssemos falado sobre implementar programas de coaching internos, a ideia, mesmo que apresentada em um *business case* robusto demonstrando que essa prática ajudaria a tornar as decisões muito mais assertivas, racionais e estratégicas na empresa, gerando até mesmo economia de gastos com reciclagens posteriores, não havia vingado. Naquela época eu não compreendi o espanto da liderança com algo que para mim parecia tão natural e que poderia contribuir tanto com a saúde mental de todas as pessoas da organização.

Nesse momento, compreendi por que ninguém nunca havia me dado um feedback tão profundo como esse (levando em consideração a minha pessoa, o entorno e as ideias que trazia, e que via sendo implementadas em outras empresas e dando tão certo). O insight veio como um raio: nem todos os líderes têm as habilidades e competências necessárias para entender o perfil dos indivíduos e construir esse cenário. A gerente não sabia do meu TDAH, mas sabia como ler as lideranças e colaboradores a fundo e tinha a incrível habilidade de traduzir o caminho da evolução naquele ambiente. Fiquei extremamente grata pelo feedback.

E qual foi a mudança em mim? Repensei anos de comportamento, frustração e tentativas de adaptação em um mundo que era diferente daquele que eu via. Meu mundo interior era permeado de novas ideias sobre como hackear o sistema para permitir que as pessoas fossem mais criativas e pudessem florescer. Mas nesse mundo, percebi que eu era a pessoa diferente, a desajustada, a não aceita ou não pertencente.

Naquela ocasião, entendi que eu dava valor a colocar as pessoas em primeiro lugar, mas que nem todas as lideranças pensavam assim, pois não haviam sido ensinadas a refletir dessa forma. Esse feedback foi tão importante, que deu início a um processo de autoconsciência mais amplo e também de cura. Entendi que ser diferente é "normal" e que não preciso caber em nenhuma caixa, mas posso trabalhar a forma como me comunico para que eu me faça compreender trazendo mais dados científicos e pesquisas renomadas, além de explicar o ganho de mudar comportamentos para alcançar ótimos resultados; e, melhor que isso: posso e devo levar as pessoas comigo.

Fácil? Muito longe disso, essa foi a ponta do iceberg para um longo caminho de autoconhecimento. Sempre que tinha uma ideia, refletia: qual é o cenário hoje e quanto precisamos caminhar para que ele esteja de acordo com o contexto da empresa? Como fazer as pessoas sonharem junto comigo para criarmos novos futuros?

No início, sem perceber, entrei em um estado de controle em que não queria parecer tão diferente dos demais, então guardava as ideias para mim com medo de pequenas retaliações, olhares e julgamentos — até porque conseguia notar essas reações, mas ainda não conseguia compreendê-las cognitivamente e mudar as minhas atitudes na prática.

Certa vez, fiz uma apresentação para cerca de quarenta supervisores e gerentes com o intuito de explicar o que meu departamento desenvolvia e as aplicações de TI às quais meu time dava suporte. Fiz um storytelling sobre a experiência de quando assistimos a uma peça de teatro e há uma orquestra tocando ao fundo. Mesmo que muitas vezes não consigamos ver o maestro e os músicos (pois ficam escondidos), sabemos que estão ali, pois escutamos a linda música tocando ao fundo.

A partir dessa analogia, fiz um paralelo com o trabalho do meu time, já que, por meio de sistemas e tecnologia, era o responsável por toda a segurança patrimonial e pessoal dos colaboradores nos escritórios e nas refinarias mundiais, do começo ao fim da jornada de trabalho.

Éramos os trabalhadores silenciosos que asseguravam a entrada no prédio, a avaliação ergonômica da área de trabalho de cada colaborador, a compliance em termos de ESG de todo o patrimônio físico da empresa. Além disso, revisávamos e garantíamos que os checklists de segurança dos colaboradores estavam sendo capturados e gerenciados da maneira correta. Ninguém percebia a música que meu time tocava, mas, se ela parasse de tocar, todos notariam o silêncio ou ruído causado.

Depois da apresentação, meu gerente conversou comigo e me deu os parabéns pela analogia, dizendo que tinha sido excelente e que ninguém nunca havia feito algo assim, pois as pessoas simplesmente exibiam um organograma com nome e função de cada membro do time. Obviamente agradeci a ele, mas não contei que minutos antes me questionei se deveria contar a história daquela forma, afinal planejava algo totalmente diferente das apresentações que a liderança da empresa estava acostumada a fazer e a assistir — dificilmente agia fora da caixa, ainda mais na presença dos "chefões".

Eu me decidi quando pensei: "Usei uma analogia muito parecida em uma palestra que fiz para a Câmara Americana sobre liderança e todos gostaram, então por que as coisas que falo fora da empresa não podem surtir efeito positivo dentro dela também? O que posso fazer para incentivar e dar um exemplo positivo sendo eu mesma?". Nesse momento passei a ter uma nova atitude e, indiretamente, comuniquei: "Sim, sou incomum, e é isso que trago para a mesa como diferencial".

Contei para esse mesmo gerente sobre aquele feedback dos três estágios de uma ideia dado por minha antiga líder e que, se eu quisesse me comunicar no idioma dos líderes atuais, eu deveria escolher o caminho do meio. Ele disse: "Essa líder é muito inteligente".

As palavras e a cultura de uma empresa são mais poderosas do que as pessoas pensam, e isso tinha ficado no meu inconsciente, pois eu queria viver fora do radar, voando baixo, para não ser julgada por dar ideias "fora da caixa". É como se dissessem: "Você não pode ser quem é, as pessoas aqui dentro não a entendem". E, como sempre tive necessidade de ser aceita, por algum tempo me mantive dentro da caixa.

Outro insight poderoso com o qual você pode se identificar dependendo do contexto empresarial em que se encontra é: o "sucesso" pode ser definido como caminhar nas regras do jogo atual mimetizando comportamentos e atitudes das pessoas acima de você na hierarquia corporativa. Você já percebeu que se compreender o modus operandi e as atitudes veladas da alta liderança e imitá-la você pode se dar bem (alçar melhores cargos, ter promoções etc.)? Pois é, eu identifiquei esse modus operandi, mas era isso que eu queria? Eu não queria fazer parte do efeito manada e do tipo de decisões, de frases, de conceitos que eram tomados, queria apenas ser eu mesma, pois isso, sim, me fazia bem e fazia eu me sentir pertencente.

> E você, o que quer ser como líder?
> Quer ser você na sua totalidade trazendo seu "eu inteiro" para o trabalho?
> Ou você quer ser conhecida como a pessoa inovadora, *early adopter*, *outlier*?

A maior reflexão foi que podemos, sim, ser *early adopters* e *outliers*, mas que precisamos de duas coisas para que isso aconteça: um líder que possibilita e incentiva novas ideias e um entorno (ou cultura) que permite que essas ideias floresçam.

Ou seja, o inconsciente coletivo (cultura) pode moldar o nosso inconsciente pessoal, e poucos conseguem perceber a sutil diferença entre os dois. Um exemplo que dou na palestra sobre os líderes que curam é a cultura do Apartheid. Como um sistema que excluía pessoas devido ao tom de pele era considerado "normal"?

Como os indivíduos podiam ser discriminados por algo físico sendo que todos nós viemos de "fábrica" praticamente com as mesmas ferramentas e funcionalidades (órgãos, corpo, cérebro etc.)? E como Mandela conseguiu de forma revolucionária trazer atenção para essa questão e mostrar que todos temos os mesmos direitos e deveríamos ter os mesmos privilégios independentemente da cor da nossa pele?

Portanto, percebe-se que sim, muitas vezes vivemos em culturas que não são inclusivas e que foram moldadas pelo inconsciente coletivo e afetaram o inconsciente individual — e às vezes a ignorância é uma benção, pois a partir do momento em que passamos a ver essas condições claramente passamos a nos perguntar:

→ Qual é o meu papel como líder ao estar inserido em uma cultura a qual questiono?
→ Devo mudar minha forma de ser para me adequar ou devo ajudar essa cultura a evoluir para uma visão mais humana, holística e plural?
→ Como trazer um olhar diferente, sendo a ponte entre as opiniões da Era Antiga para a Nova Era?

No movimento Human Skills Manifesto, Era Antiga é um conceito usado para se referir à época em que: se entendia autoconhecimento como algo superficial; poder e status davam credibilidade; o conhecimento era acessível a poucas pessoas; o mercado era dominado por poucas empresas, poucos produtos e serviços; o termo "governança" era usado sem compromisso, como um termo da moda; e a tecnologia era complementar aos negócios.

Na Nova Era, autoconhecimento passou a ser a chave para uma vida mais próspera e abundante, assim como para construir uma existência mais plena; percebeu-se que conhecimento prático e experiência trazem mais credibilidade que um diploma; o conhecimento é cada vez mais democratizado; o *market share* é mais igualitário; novos negócios têm mais facilidade para adentrar mercados; a liderança acontece por meritocracia, sendo mais descentralizada e situacional; a governança é a chave para a humanização e para ESG nas empresas; a tecnologia tem papel fundamental e exponencial.

Todas as perspectivas são válidas e devem ser expostas, mas quanto as pessoas e lideranças estão dispostas a se esforçar para se encontrar no meio do caminho?

A lição que fica é que o processo para encontrar o equilíbrio nunca é linear. Às vezes pensamos que tivemos um grande salto de autoconhecimento, mas na verdade o insight realmente poderoso vem depois, em outra ocasião, para complementar o que foi aprendido. E o maior insight que tive sobre a liderança consciente é que **líderes que curam são pessoas normais que fazem coisas extraordinárias e o impossível acontecer**.

Todos nós podemos fazer acontecer em qualquer ambiente, mas traçar o caminho para que isso aconteça é realmente desafiador. Não há respostas prontas e não existem caminhos perfeitos. Muitas vezes teremos que tentar, acertar, errar e adaptar até que consigamos trazer novas perspectivas para fazer as mesmas coisas que se fazia antes. Isso demanda energia, pensamento estratégico e muita resiliência.

Um encontro com a espiritualidade

Costumo dizer que apreciar literatura, arte e meditação é sempre um processo contínuo. Nem sempre as compreendemos imediatamente; muitas vezes é necessário experimentá-las de diferentes formas e em diferentes companhias para descobrir a maneira e o contexto que mais nos agradam.

Um exemplo concreto disso é que, por muito tempo, eu tinha preferência por livros que apresentavam relatos de viagens, diários ou biografias. Eu adorava a sensação de "embarcar" junto com a autora em suas experiências reais. Acredito que por isso também aprecio escrever meus relatos e impressões sobre a vida, pois traduz aquilo que gosto de chamar de visão de realidade.

Por muitos anos tentei ler outros gêneros de literatura, como ficção e romance, mas eles não me prendiam tanto quanto histórias reais. Porém, uma professora de escrita criativa muito sábia perguntou para mim o que me fazia gostar tanto da rea-

Líderes que curam são pessoas normais que fazem coisas extraordinárias e o impossível acontecer.

lidade, e comentei com ela que era a veracidade dos fatos, mas também sentir as emoções e os sentimentos do próprio escritor. Ela me disse que provavelmente eu ainda não tinha conhecido ou lido um autor que conseguisse reproduzir a vida real através da arte e por isso não conseguia me conectar. Essa professora me trouxe a indicação de autores russos e franceses, sensíveis, profundos, melancólicos e até exagerados. E sabe o quê? Eu amei e passei a ler mais livros de outros tipos.

Com a meditação, minha jornada foi semelhante. Experimentei diferentes abordagens, desde loopings de respiração, meditações apenas com sons, meditação apenas com a mente (sem nenhuma outra ferramenta) e guiadas por música e fala. Eventualmente, descobri que me identifico mais com meditações guiadas por fala, pois acho mais fácil manter a concentração por um período quando existe a voz no conjunto do todo. Essa descoberta gradual me ajudou a entender minhas preferências e a adaptar minha prática de meditação de acordo com o que me traz mais conforto e benefício.

Logo depois de meditar, percebo como a energia flui melhor pelo meu corpo me dando força, criatividade e foco para realizar o que desejo. Meditar é meu antídoto e me fortalece para ter um dia positivo. Percebo o que preciso trabalhar naquele dia e escolho uma meditação que vai ajudar nisso. Com o passar do tempo, comecei a estudar o tema mais profundamente e a ler estudos científicos que mostram o quanto a meditação é benéfica para o cérebro, principalmente para quem tem TDAH.

Sempre li muito sobre espiritualidade e desenvolvimento pessoal, mas comecei a mergulhar ainda mais nesse universo quando rompi o relacionamento com um ex-namorado. Depois do término, senti uma dor que me consumia noite e dia, parecia um buraco infinito. Era um vazio muito grande, parecia que toda a minha energia havia sido sugada, eu não tinha forças para nada.

Então um casal de amigos me contou sobre a cura ou terapia prânica. Trata-se de uma técnica de cura baseada em energia (ou *ki* vital) com princípios similares ao aikidô e ao tai chi chuan. Todos nós emitimos energia ou prana. Se estamos bem, essa energia circula de maneira estável pelo corpo; se estamos desequilibrados, uma energia mais pesada se acumula em nosso organismo, causando bloqueios energéticos que se manifestam como doenças. Sabe-se disso há mais de mil anos, mas o fundador da cura prânica moderna, mestre Choa Kok Sui, estudou durante décadas a forma como as energias sutis funcionavam e fluíam pelo corpo e compilou os resultados desses experimentos em cursos e livros.

É importante mencionar que a cura prânica não cura o corpo, mas desobstrui os pontos congestionados, permitindo que a energia flua de maneira livre e o próprio organismo se recupere mais rapidamente.

Fiz o curso básico de cura prânica e fiquei encantada com os ensinamentos obtidos, pois não eram somente sobre cura, mas também sobre qualidade de vida e como ter comportamentos e ações que complementassem os procedimentos de cura. Nas aulas, conversávamos sobre chacras, sobre as virtudes humanas e como desenvolvê-las, sobre a importância de ter uma vida que englobe mente, corpo e alma, e sobre a integralidade do ser e como tudo está conectado.

Depois fiz o curso de psicoterapia prânica para aprender a curar traumas, vícios e fobias e aprendi as técnicas não só para aplicar em outras pessoas, mas também em mim mesma. Afinal, antes de curar os demais, é necessário começar curando a nós mesmos.

Minha energia foi se restaurando pouco a pouco, e comecei a sentir mais vitalidade fluindo em meu interior. Também passei a entender melhor como lidar com a energia dos outros, tanto boa como ruim, que eu facilmente absorvia devido a minha sensibilidade. Por exemplo, eu não percebia (ou não compreendia) por que ficava triste após estar ao lado de alguém que não estava bem — sou empática e assimilo muito a energia das pessoas ao meu redor. Não associava uma coisa à outra e nunca imaginei que fosse algo a ser notado. A partir do momento em que passei a identificar isso mais facilmente e estudar sobre o assunto, foi como se o mundo tivesse começado a mudar, mas na verdade era eu que estava mudando e acessando informações que me permitiam ter um outro ponto de vista, mais consciente.

Entendi por que às vezes precisamos passar por alguma situação ou ter contato com determinada pessoa até aprender uma lição necessária. Compreender e viver na prática os ensinamentos da cura prânica foi muito especial, pois constatei a veracidade de uma nova verdade em minha vida.

Conheci mais pessoas que também gostavam de espiritualidade e tive grandes oportunidades de aprendizado e evolução. O processo foi lento, não linear e com um passo a cada dia. Não existe mágica quando falamos em transformação e evolução pessoal, tudo depende do esforço que colocamos na equação, do quanto estamos prontos para receber ensinamentos e os colocar em prática. A energia, então, começou a fluir de maneira diferente, e pouco a pouco as coisas começaram a mudar em minha vida.

Nesse sentido, o que determina o sucesso é a constância. Não adianta meditar uma vez e depois não investir mais tempo nessa atividade. É como ir um dia para a academia e achar que vai conseguir emagrecer ou tonificar algum músculo com essa única ação. Para construir uma vida equilibrada, com mais bem-estar, saúde e felicidade, é necessário manter a constância com pequenos atos realizados todos os dias.

Quando me dei conta, cheguei ao nível um da cura prânica, chamado de Arhatic Yoga, e me tornei uma iogue. No entanto, o título não queria dizer nada, ainda precisava praticar muito os ensinamentos no dia a dia. E aos poucos fui praticando, com muita dedicação e constância para evoluir — assim como em tudo na vida.

Bom, contei essa história para te mostrar um dos caminhos que segui para construir a minha força como líder no trinômio do líder completo segundo Franklin Covey: mental, espiritual e físico. Contudo, vale ressaltar que cada um de nós tem um caminho para construir a própria espiritualidade, portanto aproveite este momento para repensar sobre a sua:

- O que quer aprender ou a que quer dedicar mais tempo?
- O que já começou fazer, mas abandonou por algum motivo e gostaria de retomar?
- Quanto de esforço, dedicação e constância tem colocado em coisas, habilidades ou esportes que quer desenvolver?
- Qual é o caminho que quer experimentar ou dar continuidade no que tange a sua espiritualidade?

Realize a mudança que deseja ver no mundo e vá atrás daquilo que é seu.

Tenha ao lado pessoas que te inspiram e te contagiam com sua alegria e força positiva, afinal, somos o resultado daqueles com quem mais convivemos, mas lembre-se: ==Você pode criar e manter redes de apoio com pessoas incríveis e inspiradoras, mas seja sempre seu maior incentivador.==

Desconstrução do processo de domesticação

Viemos ao mundo por acordos. O primeiro deles é o nome que recebemos, o qual, na verdade, é imposto a nós. Depois somos introduzidos a leis, valores e crenças da sociedade, dos nossos pais e das religiões com as quais temos contato.

Todos passamos por um processo de domesticação. Desde a infância, aprendemos que se somos bonzinhos, somos aceitos. O sistema de recompensas beneficia aqueles que o honram.

Vivi domesticada por muitos anos, mas, à medida que passei a viajar e conhecer outras culturas, transformei as diferenças em inspiração. Separei minhas crenças daquilo que me havia sido imposto e percebi com mais clareza o que queria viver como minha verdade.

Vou contar uma história que me trouxe uma grande reflexão. Lembro-me de ter participado de um evento de uma empresa. Era um fórum com o objetivo de compartilhar boas notícias, as coisas estavam acontecendo na empresa como um todo, e também propiciar um espaço de fala para lideranças e colaboradores.

O evento correu bem, foram compartilhados objetivos, resultados, iniciativas inovadoras de times e pessoas. Porém, quando chegou o momento do fórum, alguém fez uma pergunta bastante pontual sobre o posicionamento das lideranças, mais especificamente sobre determinado comportamento de supervisores e gerentes. Nem me lembro da pergunta exatamente (eu me recordo que tinha um tom sarcástico), o que realmente me marcou foi a resposta.

Uma das gerentes respondeu: "Quem faz esta empresa ser o que é? Apenas nós, gerentes, ou todos nós como colaboradores? Claro, podemos dar as direções, mas vocês falam o que pensam no momento oportuno? Também ajudam a construir as ideias e suas execuções?".

Silêncio total. Ninguém esperava por aquela resposta, que saiu de forma muito natural. Ela pensou rápido, expressou-se muito bem, com firmeza no rosto, e ao final da fala trouxe um sorriso leve para gerar reflexão. Aquela gerente demonstrou pensamento analítico aguçado, não tomou partido e fez todo mundo pensar, naquela tarde ensolarada, sobre qual atitude cada um poderia ter para construir uma nova cultura.

Provavelmente, a mensagem bateu para cada um de forma diferente, mas eu interpretei o que ela disse e sua expressão corporal como um tapa de luva de pelica para quem reclama, mas pouco faz. Esse é um comportamento que vemos acontecer com frequência nas empresas: é fácil apontar o dedo e reclamar do status quo, difícil é fazer parte da mudança que queremos ver no mundo; investir tempo, estudo e recursos para pensar em diferentes formas de hackear sistemas e culturas.

Ser líder não está relacionado a ter a posição formal, e sim a demonstrar nos nossos comportamentos e atitudes o quanto estamos comprometidos.

Mudar algo que não está condizente com nossos valores e princípios ou transformar culturas dá trabalho, mas quem está disposto a fazer esse trabalho?

Portanto, fica a reflexão para você, leitor e leitora que está acompanhando esta história:

Você está disposto a realizar microrrevoluções e construir a mudança?
Quando tem oportunidade de mudar algo ou apresentar (e executar) uma ideia que pode impactar positivamente o seu entorno, você o faz?

Toda mudança no ambiente profissional, seja pequena, média ou grande, requer pessoas-chave que ajudem a implementá-la, assim como *early adopters* em diferentes grupos ou times para que a semente seja plantada e regada.

Como você está fazendo isso na sua empresa?
Como tem fomentado as mudanças e transformações?
Você ajuda, dá ideias, contribui como pode ou fica em cima do muro?

Avalie quais são seus valores, se estão de acordo com os de seus líderes e opine sobre as tomadas de decisão. Se for a favor, contribua com a liderança mesmo que não seja uma líder formal. Se for contra, procure maneiras de se expressar de forma respeitosa e leve, com a ajuda de exemplos. Extremismo e perfeição não colaboram em nada. Perceba que muitas vezes as pessoas estão presas em ideias e culturas que acreditam serem "normais", e para mudar algo muito arraigado é preciso ter paciência, trazer uma comunicação assertiva e inclusiva e muito diálogo.
Meditar no alto de uma montanha como um monge é fácil, difícil é ser zen no meio do caos da vida real. Ou seja, no meio do caos de sentimentos e emoções (tristeza, raiva, inveja etc.) dentro das organizações, você consegue ver claramente as situações e os diferentes pontos de vista para se posicionar como o ou a líder do futuro que quer ser?
Se queremos realmente aprender com as situações que a vida nos traz sem tanto sofrimento, precisamos saber nos posi-

cionar na vida pessoal e profissional, mesmo que muitas vezes seja desafiador.

Vou dar um exemplo interessante: tive um gerente que parecia ficar ansioso quando eu trazia o tema desenvolvimento de pessoas. Eu percebia que isso tinha a tendência de acontecer em quase todas as situações nas quais eu falava de alguém do time, áreas de melhoria, entre outros pontos. Parecia que era algo sensível para ele e que ao mesmo tempo o incomodava, pois ele olhava muitas vezes para os lados e não conseguia manter uma conversa focada comigo.

Pois bem, em um 1:1 com esse gerente, falei para ele sobre o Ricardo, pessoa do nosso time por quem ele não sentia muita empatia. Ricardo tinha trabalhado em um projeto cujo resultado não deixou o gerente feliz, mas eu não desistia, pois o colaborador também tinha áreas de boa performance e só precisava de incentivo, alguém que acreditasse nele e um bom plano de desenvolvimento.

Assim que comecei a falar, o gerente me cortou: "Você sabe que não gosto de falar sobre essa pessoa e essa questão". Incorporei minha melhor versão empática, coloquei um sorriso genuíno no rosto e argumentei com uma voz suave: "Posso expor meu ponto de vista com todos os tipos de argumentos que sei que você gosta e depois você me diz 'não'?". Falei isso de forma tão natural e engraçada que nós dois rimos. O gelo foi quebrado, o gerente se abriu para tentar de fato me entender e o meio do caminho foi alcançado para que cada um trouxesse a sua perspectiva.

Se eu não tivesse brincado e trazido leveza ao diálogo, jamais teria sido ouvida. E pior: Ricardo talvez nunca teria a chance de sua história ser contada a partir de outra perspectiva. Eu me impus como líder, mas fiz isso de forma educada e elegante. Existem diversas formas de se posicionar, e essa foi a que escolhi e funcionou para mim. Não aprendi na primeira vez, mas com várias tentativas até encontrar uma estratégia que desse certo, especialmente com esse gerente, com perfil mais desafiador para o meu estilo de liderança.

O meu relacionamento com ele era sempre complexo; ele era mais analítico e dominante, e eu, mais influente e dominante. Eu tinha a tendência de mover o pêndulo para as pessoas e ele para resultados. Isso me causava muita ansiedade, pois tinha que me adaptar a um perfil antagônico ao meu, e imagino que ele deve ter sentido algo muito similar.

A boa notícia é que o caso que contei e minha atitude de coragem foi o primeiro passo para construir a relação que eu queria ter com ele. Esse experimento poderia ser bom, como foi, mas, dependendo de como tivesse sido executado, também tinha a chance de ser visto como desrespeito ou como um limite que não deveria ser transposto. A grande questão é que, com esse teste, percebi que ele gostava de ser desafiado, mas precisava ser de forma inteligente, elegante e muito sutil para que não achasse que eu estava questionando sua opinião e seu poder. Para mim, nunca foi sobre isso, meu único interesse era prover oportunidades para as pessoas para que elas pudessem se desenvolver.

Antes dessa interação, ele quase não falava de temas pessoais. Depois disso, foi se abrindo, e nossas conversas começaram a ser mais profundas e honestas. Um dia ele me disse: "Já sei onde você vai passar suas férias: no meio da Amazônia, com indígenas. É só pensar: o que eu nunca faria, mas a Antonella sim?".

Caí na gargalhada e respondi que esse era o plano para as minhas próximas férias (de verdade!). Éramos muito diferentes, mas passamos a tirar proveito disso. Comecei a apreciar nossa jornada juntos um pouco mais, mesmo que fosse repleta de desafios e longos (e às vezes cansativos) diálogos.

Trazer minha vulnerabilidade como ponto de partida e desenvolver a coragem de me posicionar ajudou a construir uma relação mais transparente entre nós. Certa vez, em uma reunião com vários líderes da organização, ele disse que eu "tinha muita energia" e isso despertava o melhor nele, pois assim ele era capaz de se questionar em relação a suas falhas; e me agradeceu publicamente por isso.

Por muito tempo, pensei que talvez ele não gostasse de trabalhar comigo (o que me gerava frustração, afinal, sou uma *people pleaser*), mas percebi que esse era um julgamento meu. Com esse comentário dele, percebi que, de alguma maneira, eu despertava nele bons sentimentos. **Portanto, lembre-se: onde existe vontade, existe caminho, e talvez você só não o tenha encontrado AINDA.**

Líderes que curam geram experiências e aprendizados positivos mesmo nas situações mais desafiadoras.

Como identificar talentos e se são um "*fit* cultural" nas empresas?

Quando me tornei uma líder formalmente e passei a gerenciar pessoas, mergulhei profundamente no que tange a identificar, recrutar e desenvolver pessoas. O que eu não sabia no começo e passei a perceber ao longo do tempo é que todas temos uma "fórmula" do que consideramos ser uma pessoa ou colaborador de sucesso. Isso é normal, afinal a sociedade, as empresas e o mundo corporativo têm suas regras, visíveis e invisíveis.

No mundo corporativo, algumas empresas dizem que se a pessoa compartilha os valores da organização, se possui habilidades e comportamentos alinhados aos padrões culturais estabelecidos e se é capaz de se adaptar e contribuir de forma positiva para o ambiente de trabalho, ela é "um *fit* cultural", termo em inglês que significa "se encaixar" ou "encaixe".

Vou compartilhar uma história que vai ilustrar melhor esse conceito. Tive um liderado que herdei da gestão anterior quando assumi uma posição de liderança. Vamos chamá-lo de Rodolfo. Ele entregava valor em algumas atividades mais básicas, era colaborativo com o time, porém tinha dificuldade para realizar atividades mais técnicas, e digamos que não se posicionava ou entregava uma atividade no tempo "esperado" (ou acordado pelo time). Rodolfo era o colaborador que alguns dizem que "dá trabalho para as lideranças", pois precisava de mais acompanhamento, *mentoring* e coaching para garantir que os resultados seriam entregues.

Meditar no alto de uma montanha como um monge é fácil, difícil é ser zen no meio do caos da vida real.

Em uma reunião com outros líderes na qual estávamos avaliando a performance individual de todos do setor, foi dito que "Rodolfo talvez não fosse um *fit* cultural para a empresa, pois não evoluía há muitos anos". Levei a reflexão como lição de casa e me questionei: Será que em outras áreas menos técnicas ele não se encaixaria melhor? O cara se comunicava bem e nunca falou que não queria trabalhar na empresa, ele apenas comentava comigo nos encontros 1:1 que não gostava do trabalho que estava desenvolvendo; bom, talvez não estivesse no lugar correto.

Mas quem seria eu para questionar vários líderes seniores e com muito mais experiência? Aí me lembrei o que Brené Brown fala em *A coragem para liderar*: com relação ao medo, devemos aprender que ele sempre estará lá; principalmente se temos que tomar decisões que envolvem a vida e a carreira das pessoas, a questão é como lidar com ele. O medo, assim como o estresse, pode ser saudável, desde que em níveis suportáveis e que nos impulsione a ir adiante. A vontade de evoluir e ser melhor precisa ser maior que o medo para nos colocarmos em movimento. Então como superar o medo e tomar a melhor decisão para a pessoa e também para a empresa (ainda que tendo que desafiar outras lideranças mais experientes que eu)?

Bom, como pessoa processual que sou, escrevi uma série de perguntas exploratórias para realizar com o colaborador, prós e contras, enfim, usei as ferramentas que tinha para avaliar o risco da situação em que estava me metendo, pois, se iria para o front, era necessário ter todas as argumentações na ponta da língua.

Realizei algumas conversas com o colaborador para compreendê-lo melhor, suas aspirações, objetivos de carreira e se ele queria continuar na empresa de verdade. Também conversei com gestores de vários departamentos que estavam contratando para entender quais eram as oportunidades para o rapaz. Nessas trocas sobre as vagas abertas, sempre perguntava quais eram as habilidades que estavam buscando, o que aceitavam no colaborador, qual era a paciência para treinar uma pessoa nova, enfim, sempre deixava tudo às claras para que o processo fosse transparente para todos. Vamos dizer que foi um investimento de algumas horas, mas eu tinha encontrado uma solução interessante de recolocação em um departamento completamente diferente do que Rodolfo estava; era a única solução no momento — se não desse certo, ele seria desligado.

Como líder, acredito que precisamos tentar ao máximo ajudar no desenvolvimento das pessoas. Se o liderado não está entregando valor, é preciso entender o porquê. É necessário fazer as perguntas corretas para compreender o que está por trás da falta de motivação, desempenho ou entrega de resultados. Pode ser uma questão pessoal, um problema na família, uma crença limitante ou o sentimento de se ver ofuscado pelo time ou líder. Esses são apenas alguns exemplos, só se descobre o real motivo por meio de conversas honestas e profundas.

Em último caso, pode ser que a pessoa não esteja no lugar certo e com a liderança correta. Basta trocar o ambiente para o colaborador mudar sua forma de ver as coisas e entregar resultados. Liderança tem muito disso: às vezes a perspectiva e os valores do líder não estão alinhados com a perspectiva e os valores dos liderados. Não dão match. Por isso é muito importante que o líder se conheça, saiba o que é importante para ele e perceba se está comunicando seus valores corretamente ao time.

No caso de Rodolfo, tínhamos valores que se entrelaçavam, mas ele nunca conseguiria entregar o que o departamento buscava. Se eu o mantivesse no time, sua carreira estaria fadada ao fracasso. Então escolhi movê-lo para outro time, onde ele teria mais chances de mostrar seus diferenciais.

A empatia e o cuidado são essenciais para identificar os talentos das pessoas, assim como o tempo que dedicamos a conhecê-las de verdade. Mas quantos líderes se dedicam de verdade às suas pessoas? Quantos conseguem se desprender dos vieses e conceitos prontos que às vezes nós mesmos propagamos sem perceber?

Ou ainda quantos líderes acham que não têm tempo para isso, pois estão afogados em prioridades operacionais? Este caso é o mais comum que vejo acontecer quando estou mentoreando pessoas gestoras e executivas, e pasme: sim, existe um processo para organizar a agenda de maneira mais estratégica, e sim, vários caminhos levam a Roma e às vezes o líder não percebeu que pode delegar atividades operacionais para assumir um verdadeiro papel de liderança do futuro.

Como líderes, precisamos notar que em alguns momentos não adianta querer que um colaborador seja quem não é. Podemos ajudar a moldar, transformar, dar feedbacks que podem ser adaptados, mas tudo depende de um componente muito básico: a pessoa tem que querer ultrapassar as próprias limitações, e para isso existe um grande salto de energia e de fé. Contei repetidamente aqui (e vou contar mais) sobre feedbacks que recebi e após os quais decidi me transformar olhando para minhas próprias limitações, quem eu queria ser e quais atitudes faziam parte do meu manual como líder. Você pode fazer o mesmo, mas lembre-se de sempre manter sua essência, pois é isso que nos torna seres únicos.

Ser um líder que cura é despertar a consciência e diariamente enfrentar, com verdade e coragem, medos e barreiras limitantes. Siga a sua intuição e sua capacidade analítica e racional de compreender as situações e não o conselho dos outros. Aprenda a pensar por conta própria. SEMPRE. Essa é a parte mais difícil de construir a autorresponsabilidade que queremos para a nossa própria vida.

Vale uma última reflexão em relação a essa história: quando desistir ou desligar uma pessoa de sua empresa?

A partir do momento que tentamos ações, traçamos planos e objetivos e o colaborador não faz a parte dele no tempo combinado nem vai ao meio do caminho para encontrar o líder.

Se a decisão for demitir, que seja de forma humanizada, e não tóxica (por exemplo, via telefone ou *call*, cortando o acesso a sistemas, impedindo que a pessoa se despeça dos colegas, entre outras maneiras que não devem ser reproduzidas).

Líderes que curam geram experiências e aprendizados positivos mesmo nas situações mais desafiadoras.

Líderes que curam investem no autoconhecimento, estão constantemente ressignificando suas dores pessoais e inspiram pessoas a fazer o mesmo através do exemplo e da AÇÃO.

O exercício mais poderoso sobre liderança para realizar com líderes

Seres humanos são como quebra-cabeças. Cada um deles é único, com experiências e backgrounds distintos. A metáfora do quebra-cabeça é interessante para ilustrar a complexidade das pessoas e como líderes podem desempenhar um papel importante em ajudar a descobrir e desenvolver o potencial individual de cada membro da equipe.

Como líderes humanizados, somos artistas, construtores e pessoas que ajudam a lapidar outras. Essa abordagem ressalta a importância de reconhecer e valorizar as habilidades, os talentos e as características únicas de cada indivíduo. Ao observar o todo, os líderes podem identificar as peças que faltam para complementar a figura, ou seja, as áreas de desenvolvimento ou oportunidades de crescimento para cada liderado.

Além disso, como artistas e construtores, os líderes podem desempenhar um papel ativo no desenvolvimento e crescimento dos colaboradores, fornecendo orientação, apoio e oportunidades. Eles podem ajudar a descobrir habilidades latentes, incentivar o desenvolvimento delas e empoderar os liderados a alcançarem seu potencial máximo.

Ao adotar essa abordagem humanizada, os líderes podem criar um ambiente de trabalho que valoriza o indivíduo, promove a colaboração, o crescimento pessoal e profissional, e contribui para o sucesso coletivo da equipe. Reconhecer a singularidade de cada pessoa e ajudar a desenvolver suas habilidades pode fazer toda a diferença no desempenho individual e no alcance dos objetivos organizacionais.

Durante minha carreira como colaboradora e como líder, pude perceber que o potencial humano não tem limites, e, quando há quem acredita em nós e vê nosso potencial, podemos ir muito mais longe. Sem essa rede, a vida às vezes fica difícil e não vemos saída, retardando nossa evolução.

O propósito do líder humanizado está ligado a uma dor que ele vê no mundo geralmente relacionada a algo que ele mesmo vivenciou, positiva ou negativamente.

Realizo um exercício bastante simples com lideranças, o qual sempre me desperta para esse conceito. Você também pode fazê-lo para identificar suas prioridades como líder. Uso aplicativos de *brainwriting* (post-its virtuais) estilo Jamboard, mural etc., e parto de duas perguntas singelas, mas extremamente profundas:

- → Quais são os exemplos mais positivos de liderança que você já teve?
- → E os mais negativos?

Os exemplos positivos mais comuns são:

- → O líder que passa confiança e possibilita a discussão das dificuldades encontradas, dividindo os riscos com a análise conjunta.
- → O líder que delega de acordo com os diferentes tipos de pessoas e sendo o mais didático possível, guiando todo o time.
- → O líder que sabe ouvir e valorizar as ideias da equipe, sem impor sua opinião, independentemente da hierarquia empresarial.
- → O líder que entende que o colaborador não tinha perfil para determinada função e o trocou de posição. Com isso, o funcionário que tinha baixo desempenho na primeira função passa a ter desempenho extraordinário na segunda.

A seguir, os exemplos negativos que costumam aparecer:

- → O líder que não analisa o contexto, não leva em consideração o sucesso do projeto ou da equipe e foca somente no que acredita estar correto.

→ O líder que quer ter o controle de tudo o tempo todo, deixando o time desmotivado para resolver problemas e propor melhorias. Ele não confia nas pessoas.

→ O líder que não gosta de ouvir ideias alheias e acha que só existe uma forma de executar a tarefa para obter o resultado esperado.

→ O líder que pede a opinião dos demais colaboradores, mas sempre (sem exceções) faz valer a dele. Também não deixa os funcionários participarem do planejamento das atividades nem fazer nada sem sua aprovação. Dessa forma, cria uma equipe extremamente dependente que não consegue trabalhar sem sua presença constante.

→ O líder que dá um feedback negativo a alguém do time na frente de todos, expondo a situação de maneira constrangedora.

→ O líder que reclama muito, o que acaba desestimulando a equipe.

→ O líder que manipula as pessoas, velada ou descaradamente.

É bastante interessante que os exemplos negativos sempre prevalecem. Isso acontece não só porque eles nos marcam profundamente, mas também porque o cérebro está acostumado a olhar antes para aquilo que falta e apenas depois para o que transborda. Estamos habituados a reclamar, porém nem sempre a transformar aquilo de que não gostamos, como já comentei.

Gosto muito de trabalhar conceitos de liderança ou de desenvolvimento de habilidades humanas comparando aquilo que queremos com o que não queremos. Assim, expandimos nossa consciência e trazemos clareza para o tipo de líder que desejamos ser. É um treinamento muito poderoso, portanto, para dar sequência ao exercício, sigo com estas perguntas para que cada participante reflita individualmente:

→ O que quero desenvolver na minha liderança?

→ Quem me inspira positivamente e o que de melhor posso levar desse exemplo?

→ Quem me inspira negativamente e o que quero levar de exemplo do que não fazer?

Depois peço a cada um para falar em voz alta sua resposta para essas três perguntas, avalio os pontos mais comuns e finalizo com a teoria a seguir.

Líderes tóxicos tendem a:

- → reclamar;
- → procrastinar;
- → agir com arrogância;
- → comparar você a outros profissionais ou líderes;
- → fazer intrigas;
- → adotar posturas hostis;
- → copiar ideias e dizer que são deles;
- → estar sempre estressados;
- → assumir papel de vítima;
- → colocar muita pressão na equipe ou adotar prazos apertados;
- → comunicar-se agressiva ou veladamente;
- → julgar;
- → fazer fofocas de liderados do time;
- → não dar aumento salarial (mesmo que estejam autorizados para tal).

E líderes que curam tendem a:

- → elogiar;
- → tomar decisões sempre pensando no coletivo;
- → colocar pessoas em primeiro lugar;
- → agir com amor, colaboração e inclusão;
- → não comparar você com outras pessoas;
- → empoderar os colaboradores e desafiá-los sempre pensando no potencial deles;
- → ter ideias em conjunto com a equipe e dar crédito para todos os integrantes;

→ estar sempre disponíveis;
→ criar ambientes psicologicamente seguros;
→ comunicar-se com leveza, mesmo nos momentos mais difíceis;
→ não julgar ou buscar ressignificar o julgamento;
→ parar fofocas assim que aparecem.

A partir dessa análise, comento que todos somos ambas as coisas: positivos e tóxicos, dependendo do momento. Mas podemos trazer consciência aos nossos atos e realizar uma automodelagem e um plano de ação para sermos líderes humanizados que priorizam pessoas.

A liderança humanizada é o caminho para empresas mais felizes e engajadas, além de trazer resultados muito mais positivos para pessoas e lucro sustentável em longo prazo.

2.

Afinal, na prática, o que é ser uma liderança humanizada e que cura?

Neste capítulo, exploraremos o conceito e a importância de uma abordagem humanizada na liderança, examinando como os líderes podem se tornar agentes de cura nas organizações.

Ao mergulharmos nesse tema, descobriremos como líderes humanizados são capazes de reconhecer, valorizar e desenvolver o potencial único de cada indivíduo, criando um ambiente de trabalho que promove a saúde emocional, o engajamento e o crescimento pessoal e profissional.

Veremos exemplos práticos de como a liderança humanizada pode transformar equipes, fortalecer relacionamentos e impulsionar resultados, evidenciando os benefícios tangíveis e intangíveis de uma abordagem que coloca as pessoas no centro do processo de liderança.

Um presente poderoso dos líderes transformacionais
Vamos embarcar nessa jornada explorando a essência da liderança por meio de uma história inspiradora. Conheci uma pessoa extraordinária chamada Raul, que além de ser meu melhor amigo também era meu pai. Ele tinha uma habilidade especial para se conectar com pessoas de todas as idades e se manter atualizado com as diferentes gerações.

Sempre que eu compartilhava situações, ideias, planos ou problemas com ele, Raul me presenteava com perguntas profundas que me levavam a refletir sobre minhas opções e suas consequências. Ele me guiava na análise de diferentes direções a seguir e suas razões.

Às vezes, não percebemos conscientemente, mas os grandes líderes que nos inspiram são aqueles que nos instigam a refletir sobre nossas escolhas. Espero que você também tenha seus próprios exemplos, seja na família, entre amigos ou colegas de trabalho.

Somente mais tarde, na vida adulta, quando ingressei em uma multinacional, entendi de forma consciente a importância de fazer as perguntas certas, algo que eu apreciava nas conversas profundas com meu pai.

Para mim, Raul — que tirou certificação em diálogos de alto impacto — sempre foi e sempre será um grande líder. Digo inclusive que ele foi um *outlier*, conceito sobre o qual comentei no capítulo anterior. Malcolm Gladwell abordou o assunto no livro *Fora de série — Outliers*: *Descubra por que algumas pessoas têm sucesso e outras não*, que ficou na lista de mais vendidos do jornal *The New York Times* por 339 semanas.

O maior exemplo que posso dar em relação a meu pai é que toda vez que eu surgia com uma nova ideia (e como trazia ideias — paciência!), meu pai respondia: "Olha, que ideia legal!". E me fazia refletir:

- → O que você quer atingir com isso?
- → Qual é a dor que quer resolver?
- → Como originou essa ideia?
- → Quais desafios precisa ou quer superar?

À medida que eu ia explicando, ele sorria com os lábios e os olhos, interessando-se mais e mais pelo assunto. Pedia para eu colocar a ideia em perspectiva, com os pontos mais importantes e uma proposta simples para execução. Meu pai nem sabia, mas naquela época já trazia o conceito de MVP (mínimo produto viável), que é uma análise para testar se um serviço ou produto tem condições de rodar no mercado.

Raul, líder apaixonado pelo processo de inovação, ensinou-me a metodologia de *lean startup*, extraída do livro homônimo de Eric Ries. Na prática:

- → Qual é o problema que desejo resolver?
- → Qual é minha proposta de valor?
- → Qual é a solução que trago?
- → Quais são as funcionalidades mínimas necessárias para colocar a ideia em prática?
- → Qual é a estrutura de custos?
- → Qual é a estrutura de receitas? Ou qual será o retorno financeiro?
- → Quem são meus clientes? Onde posso encontrá-los?

Eu jamais tinha visto um líder exercendo seu papel inspirador de forma tão simples e leve: causando reflexão sobre as melhores respostas que eu poderia gerar. Meu pai fazia perguntas de alto impacto — nada de utilizar adjetivos ou colocar empecilhos — para me inspirar a continuar o processo de inovação e, consequentemente, de evolução como ser humano. Incentivava ao não rotular as ideias iniciais e mostrava **na prática** sua liderança. Para mim, esse método foi revolucionário, e espero que seja para você também.

Acredito que todos nós em algum momento conhecemos uma liderança inspiradora. Aquela pessoa que nos faz pensar diferente, que nos estimula, que nos faz ir além.

> **Liderança não é posição. É comportamento, atitude, prática.**
> É alinhar o ser e o parecer.
> É aplicar nossos valores e princípios nas ações que realizamos.

Essa é a liderança transformacional — um estilo que se concentra em inspirar e motivar as pessoas a alcançarem resultados extraordinários e promoverem mudanças positivas em suas vidas e no ambiente de trabalho. Ao contrário de outros estilos de liderança mais transacionais, que se concentram principalmente em tarefas e recompensas, a liderança transformacional busca elevar a visão e os valores dos liderados, despertando seu potencial máximo e estimulando o crescimento pessoal e profissional.

Os líderes transformacionais são carismáticos e têm a capacidade de articular uma visão convincente e inspiradora para o futuro. Eles envolvem os membros da equipe em torno dessa visão compartilhada, criando um senso de propósito e entusiasmo.

Uma das características-chave da liderança transformacional é a capacidade de desenvolver e fortalecer relacionamentos positivos com os liderados e lideradas. Os líderes transformacionais se preocupam com o bem-estar e o desenvolvimento pessoal de sua equipe, oferecendo suporte, mentoria e encorajamento. Eles capacitam os membros do time incentivando a autonomia, a criatividade e a inovação.

A liderança transformacional também envolve a capacidade de superar desafios e resistências à mudança. Os líderes transformacionais ajudam a criar uma cultura de aprendizado contínuo, incentivando a experimentação e a superação de limites. Eles promovem um ambiente de trabalho colaborativo e encorajam a troca de ideias e o trabalho em equipe.

Em resumo, a liderança transformacional é um estilo de liderança que busca inspirar, motivar e transformar as pessoas, criando um ambiente de trabalho positivo, estimulando o crescimento pessoal e profissional e promovendo mudanças significativas e duradouras.

Lembrou de algum líder com atitudes semelhantes que te ajudou a evoluir?
Quais foram os aprendizados?

Ative a sua memória para ampliar ainda mais seu aprendizado e perceber o que é importante para você. Pergunte-se:

- O que posso fazer para inspirar e motivar as pessoas a alcançarem resultados extraordinários e promoverem mudanças positivas em suas vidas e no ambiente de trabalho?
- Como quero exercitar esse superpoder no dia a dia? E com quem?
- Qual é a minha prioridade e como a estou equilibrando: pessoas, processos, empresa e lucro sustentável?

Uma pergunta pode despertar pensamentos, sentimentos e emoções, assim como dar clareza àquilo que nem sempre identificamos conscientemente. Nossos pensamentos geralmente não nascem ordenados; às vezes vêm ao mundo precoces, imaturos. A boa notícia é que, com perguntas de alto impacto, conseguimos extrair o contexto e os resultados esperados, além de gerar uma organização mental mais otimizada para tomar decisões mais assertivas.

Perguntas poderosas têm o poder de despertar pensamentos e trazer clareza. Os líderes transformacionais compreendem a importância de elaborar perguntas impactantes, capazes de extrair informações cruciais e tomar decisões assertivas no momento certo. Essa habilidade requer escuta ativa, capacidade analítica e aptidão para conectar os pontos e criar uma estratégia eficiente.

Uma estratégia eficaz é aquela que está aberta à revisão periódica, sem se apegar rigidamente a ideias preconcebidas. Como o vento, que pode mudar de direção, velocidade ou temperatura, as estratégias também podem ser adaptadas durante o percurso. Ao explorar caminhos diferentes e aprender com o novo e o inesperado, os líderes se destacam como *outliers*.

É importante reconhecer que, ao se aventurar por caminhos diferentes, há a possibilidade de cometer erros. No entanto, errar faz parte do processo, e o crucial é a rapidez com que nos levantamos e aprendemos com essas experiências. Os verdadeiros líderes destacam-se por serem inovadores, visionários e confiantes. Eles têm a convicção de que possuem um valor agregado a oferecer aos outros.

Um exemplo notável de liderança transformacional que usa perguntas poderosas é Nelson Mandela, criador do Madiba Mindset. No livro *The Madiba Mindset: Your Own Freedom Charter* [*A mentalidade Madiba: Sua própria carta de liberdade*, em tradução livre], de Tyrrel Fairhead, o autor conta como Mandela conectava temas, ideias e ações por meio de perguntas impactantes e de ferramentas que ele mesmo criou quando estava na cadeia, demonstrando sua capacidade de liderança transformadora. Essa estratégia de fazer perguntas de alto impacto é uma poderosa ferramenta para obter resultados.

Todos têm a capacidade de desenvolver o poder das perguntas de alto impacto. Ao adotar uma abordagem que valoriza a curiosidade e a busca por respostas, é possível se tornar um excepcional líder transformacional. Os líderes *outliers* são autênticos, trazem um valor agregado diferenciado e preferem questionar em vez de fornecer respostas prontas.

Dessa forma, ao cultivar a habilidade de fazer perguntas profundas, os líderes se tornam agentes de mudança, promovendo um ambiente de crescimento e desenvolvimento tanto para si quanto para suas equipes.

==O segredo dos líderes transformacionais está na essência plena e no posicionamento autêntico para gerar resultados impactantes!==

O poder do afeto nas organizações: o círculo virtuoso que mudará o futuro do trabalho

Meu pai enfrentou o câncer duas vezes e foi bem-sucedido em ambas as batalhas, afinal ele sempre foi um vencedor. No entanto, na terceira vez, quando já tinha oitenta anos, estava fraco, magro e os médicos afirmaram que apenas um milagre poderia salvá-lo.

A vida é como uma roda-gigante, um dia nos vemos no topo e no outro estamos embaixo. Mesmo assim, não perdi a esperança de que um milagre pudesse acontecer. Há algo que dizem sobre milagres: se pedirmos genuinamente e com intenção positiva, eles se concretizam. Foi nisso que me agarrei.

Enquanto lidava com o caos em minha vida pessoal e profissional — pois naquele momento eu desempenhava duas funções simultaneamente —, um milagre aconteceu, e graças a uma pessoa que se tornou um exemplo para mim: Anna Luiza.

Anna era minha supervisora direta, uma colombiana gentil, educada, proativa e sempre disponível. Ela me ofereceu a maior empatia que já experimentei: disse-me que eu poderia ajustar meus horários de trabalho para estar com meu pai e apoiar minha família durante aquele momento difícil. Ela também afirmou que estaria à disposição para me ajudar com qualquer tarefa que eu precisasse, bastava pedir. Inclusive se oferecia para realizar tarefas mesmo sem saber exatamente o que precisava ser feito, pronta para ouvir minhas instruções. Ela estava lá por mim, demonstrando disposição para aprender e me apoiar em um momento tão desafiador.

Seu ponto de vista sempre agregava valor. Lembro até hoje quando ela me disse: "Vocês, brasileiros, gostam de deduzir. Não podemos perguntar muito, senão nos acham lentos". Aquilo me faz refletir até hoje: o quanto realmente tentamos entender o outro? O quanto colocamos a empatia em prática? Geralmente, julgamos a pessoa logo de cara, rotulando-a de burra ou incompetente. Com Anna Luiza, aprendi a ouvir com mais paciência e tomar menos conclusões precipitadas. Passei a observar, perguntar e dialogar mais e a julgar menos.

Toda vez que Anna me perguntava como eu estava, quando se oferecia para responder um e-mail da caixa compartilhada do nosso time ou mesmo me liberava mais cedo do escritório nesse momento difícil da minha vida, eu conseguia perceber a empatia e o amor na voz, no sorriso e nos abraços apertados que ela dava. Eram abraços gostosos, daqueles que transmitem energia positiva e amorosa. É muito importante observar como basta um gesto, um olhar ou uma atitude para que uma alma consiga tocar a outra.

Ela sempre colocava os seres humanos em primeiro lugar e entendia que, ao fechar a porta de casa, nem sempre esquecemos os problemas que lá habitam. Sua demonstração de afeto me ajudou no meu processo curativo. Posso dizer que Anna é um dos melhores exemplos que tive de liderança afetiva.

Quando reflito sobre afeto nas organizações, ela é a primeira pessoa que me vem à mente. Assim são as grandes líderes: vivem em nossa memória e nos inspiram a sermos pessoas melhores.

Você se lembra de algum líder com frequência?
O que ele te faz lembrar e por quê?
Possui algum exemplo de líder que tenha demonstrado afeto por você e que te marcou?
O que esse líder fazia? Como falava? Que atitudes colocava em prática?

É realmente curioso como o tema do afeto não é amplamente abordado nas organizações. Também é interessante notar que raramente discutimos esse assunto em nossas conversas cotidianas ou mesmo em casa. Parece que o afeto é um tema negligenciado e subvalorizado em muitas esferas da vida.

No entanto, acredito ser fundamental trazer essa discussão para a mesa. O afeto é uma força poderosa que pode transformar as relações entre as pessoas e impulsionar um ambiente de trabalho mais saudável e produtivo. Ao nos questionarmos sobre o significado do afeto e se conhecemos pessoas afetuosas, abrimos espaço para refletir sobre como podemos trazer mais carinho para nossas vidas e relações.

Surpreendentemente, há quem lidere pelo afeto. Esses líderes entendem a importância de estabelecer conexões emocionais genuínas com suas equipes. Preocupam-se com o bem-estar e a felicidade das pessoas ao seu redor, promovendo um ambiente de trabalho acolhedor e inspirador. São capazes de criar um senso de pertencimento, confiança e motivação entre os membros da equipe, o que resulta em maior engajamento e desempenho.

Portanto, é hora de ampliar o diálogo sobre o afeto. Podemos começar por compartilhar nossas perspectivas com amigos, colegas de trabalho e até com líderes para explorar como podemos cultivar relacionamentos mais afetuosos e promover uma cultura organizacional baseada em respeito, empatia e cuidado mútuo. O afeto pode fazer uma diferença significativa em nossas vidas e nas organizações, e é importante reconhecer seu valor e potencial impacto positivo.

> "Quando a inteligência e a bondade ou o afeto são usados em conjunto, todos os atos humanos passam a ser construtivos."
> Dalai Lama

A primeira vez que li sobre afeto foi através de Dalai Lama, um monge e líder espiritual do budismo tibetano. De acordo com ele, o afeto é fundamental para trazer felicidade, fazer amizades e construir relacionamentos. Além disso, é um dos principais valores humanos que moldam o caráter de uma pessoa.

O afeto é amor, carinho e dedicação entre pessoas. Ele influencia quem somos, como agimos e como tratamos os outros. No entanto, como já mencionado, não costumamos falar sobre ele com frequência, assim como raramente discutimos nossas emoções e sentimentos.

Por que muitas vezes escondemos sentimentos e emoções nos ambientes profissionais, como se fossem algo feio ou vergonhoso?

Após observar e vivenciar muitos anos de interações profissionais, percebi que muitas pessoas julgam o afeto como fraqueza, fragilidade, incompetência e falta de assertividade. Existe, sim, um viés inconsciente em relação ao afeto, e estou aqui para levantar essa bandeira. Mas ele é justamente o contrário: é força, coragem, atitude.

Convido você a olhar ao redor e buscar se lembrar de situações profissionais nas quais afeto foi demonstrado. Faça a seguinte análise:

Como você interpretou a situação e a(s) pessoa(s) envolvida(s)?
Como se sentiu?
Como as outras pessoas interpretaram?

Ao refletir sobre essas questões, podemos perceber os benefícios do afeto, como fortalecimento de laços interpessoais, aumento da confiança e engajamento, além de criar um ambiente de trabalho mais saudável e produtivo. É importante encorajar um diálogo aberto sobre afeto e promover uma cultura que valorize as emoções e os relacionamentos humanos no contexto profissional.

Coloque a mão no coração e concentre-se para trazer clareza e consciência a essa questão. Quando Anna demonstrou afeto por mim pela primeira vez, eu fiquei grata, mas não tinha uma visão completa da situação. Só fui entender a amplitude e profundidade de suas ações quando me tornei líder e comecei a enxergar diferentes perspectivas.

Houve uma ocasião em que um liderado meu passou por uma situação semelhante à minha. Foi então que consegui enxergar o quadro completo. A mãe dele estava doente, e foi a minha vez de colocar em prática a liderança afetiva que aprendi.

Conversei com ele e perguntei: o que você precisa nesse momento? Ele só queria desabafar. Então, passamos a utilizar parte das nossas reuniões individuais para discutir suas preocupações sobre a doença da mãe, a família e os problemas administrativos que ele precisava resolver. Ele se sentia seguro para compartilhar seus sentimentos. Claramente, também avaliamos como executar o trabalho da melhor maneira e, quando necessário, como o time poderia contribuir. Alguns podem dizer que isso não é trabalho da liderança, mas eu discordo. Se a pessoa tem um lugar de carinho no qual pode falar livremente sobre suas emoções e sentimentos, ela vai evoluir e dará o seu melhor em todos os aspectos.

O universo me deu a oportunidade de retribuir exatamente o que Anna fez por mim quando meu pai estava doente. Se vivemos a vida como protagonistas, como líderes em busca de nossa verdade, seremos testados para ver se aprendemos a lição. Eu poderia ter ignorado o problema do meu liderado, mas escolhi apoiá-lo em seu momento difícil. Não se trata de dar opinião sobre a vida alheia, mas de estar presente para ouvir sem julgar.

E, depois de ouvir, perguntar:

Existe algo que eu possa fazer por você?
Como posso ajudá-lo a se dedicar à sua família?
De que forma posso contribuir positivamente para sua vida neste momento?

Isso é apenas o começo. Não é algo complexo ou impossível. Faça o teste e espere. Você ficará surpreso com os resultados. Eu garanto.

Ao abrir essa porta de forma genuína e com o coração aberto, você perceberá que algumas pessoas enfrentam inúmeros desafios em suas vidas pessoais com os quais não sabem lidar. Isso causa sofrimento e, consequentemente, esses colaboradores acabam tendo um desempenho ruim no trabalho. Isso pode ser resolvido com algumas conversas, desde que você, líder, esteja aberto a ouvir com empatia genuína.

É muito mais comum do que imaginamos as pessoas responderem "estou bem" se alguém pergunta "como você está?" quando, na verdade, estão se sentindo mal, devastadas por dentro. Ao escolherem não expressar seus sentimentos, contam uma mentira social para evitar serem julgadas ou mal avaliadas por não saberem separar a vida pessoal da profissional.

No entanto, como vamos aprender a separar as coisas se não falamos sobre afeto? Se não discutimos sobre ele e sentimos vergonha de demonstrá-lo?

Esse é o ciclo vicioso que vemos nas organizações. E cabe a nós quebrá-lo e transformá-lo em um círculo virtuoso para nos tornarmos líderes afetivos e desenvolvermos pessoas melhores. Foi isso que Anna demonstrou. Ela foi uma excelente líder servidora que me ensinou a colocar o ser humano em primeiro lugar por meio de exemplos e práticas, e não apenas teorias.

Líderes que curam demonstram afeto e ajudam a sanar as feridas que a vida causa no corpo e na alma. Quando a inteligência e o afeto são combinados, as ações humanas se tornam transformadoras. Nós, seres humanos, somos responsáveis pelo futuro, e é assim que colocamos em prática nossas habilidades de forma abrangente e holística. Se queremos deixar o mundo um pouco melhor do que o encontramos, esse é o canal.

O paradigma do comando e controle nas organizações
O que as orquestras e as organizações têm em comum? Ambas requerem harmonia e sincronia para alcançar resultados. Assim como os músicos em uma orquestra, os membros de uma organização devem estar alinhados e trabalhar em conjunto para atingir seus objetivos.

Mas como podemos garantir que os diferentes departamentos estejam em sintonia ou, pelo menos, em uma frequência semelhante? Tudo começa com as pessoas. Os líderes desempenham um papel fundamental nesse processo ao questionar os integrantes do seu time sobre suas motivações, o que os inspira a levantar todas as manhãs para trabalhar, e então conectar esses valores e propósitos individuais aos da empresa. A comunicação entre os colaboradores e entre os líderes desempenha um papel essencial, assim como a música de uma orquestra.

Para que o ritmo e a experiência sejam apreciados por completo, a música precisa ser ouvida por todos. Da mesma forma, a comunicação na empresa só faz sentido se chegar a todas as pessoas e departamentos envolvidos.

Lembro-me claramente de quando trabalhava no setor de atendimento ao cliente. Eu me sentia em harmonia com a música, estava familiarizada com o ritmo. Conhecia meus colegas, tinha muitos amigos e amigas na área, sabia como as coisas funcionavam e com quais líderes eu podia ter conversas abertas. Estava em minha zona de conforto e adorava isso.

A música da vida, no entanto, nem sempre segue o ritmo que gostaríamos. O departamento em que eu trabalhava, responsável pelas vendas de lubrificantes na Colômbia, foi vendido para outra empresa. Meu gerente na época me chamou e informou que o departamento de tecnologia, o famoso TI, era a área mais promissora da organização e que eu seria realocada para lá.

Líderes que curam demonstram afeto e ajudam a sanar as feridas que a vida causa no corpo e na alma.

Ele destacou que era uma ótima oportunidade, pois eu seria responsável por dar suporte ao sistema Siebel CRM, do qual eu já era usuária, e trabalharia em uma atualização para conectá-lo a uma nova versão do SAP que a empresa havia adquirido. No entanto, como eu estava prestes a ser promovida a supervisora no setor de lubrificantes, não fiquei muito satisfeita em ser transferida, pois isso significava que minha promoção seria adiada por alguns anos. Meu gerente assegurou que isso não afetaria meus planos e que eu estava sendo altamente recomendada para a nova posição.

Comecei a trabalhar no projeto de migração de sistemas mencionado: ritmo acelerado, prazos curtos e um cronograma agressivo; tudo no projeto era assim. Certa vez, durante uma videoconferência com mais de vinte pessoas, o gerente responsável perguntou a cada colaborador sobre o status de suas tarefas. Sua voz era ríspida, quase como se estivéssemos em um treinamento militar, prestando continência a um oficial que avaliava nossa postura, sabendo que qualquer falha poderia resultar em sérias consequências.

Lembro-me de sentir um desconforto no estômago enquanto ele analisava cada pessoa minuciosamente. Sua forma de falar transmitia a mensagem de que, se um funcionário não tivesse cumprido uma tarefa, ele não era bom o suficiente e não merecia estar ali. Talvez o problema fosse a comparação que eu fazia com o departamento anterior, no qual as pessoas costumavam tratar umas às outras com mais afeto. Essa experiência era nova para mim e a situação me deixava desconfortável, pois eu questionava se as reprimendas deveriam ser feitas na frente de todos. Chamei meu supervisor para conversar sobre isso. Expressei minha frustração e comentei que não era apenas eu, várias pessoas do time compartilhavam esse sentimento. Ele ficou chateado e disse que tomaria uma atitude.

O supervisor convidou a mim e mais algumas pessoas que também trouxeram esse ponto para ele para tomar um café. Também chamou o gerente acima de nós para essa conversa. Durante o encontro, compartilhamos as frustrações e, de certa forma, ambos alegaram que aquele era o clima natural do setor de projetos, e que o gerente de projetos, com muitos anos de casa, ocupava uma posição muito alta entre seus pares devido a sua senioridade (como costumo dizer, era um cara do Olimpo). Vale destacar que o gerente de projetos trabalhava de maneira independente em outra organização e apenas coordenava os projetos, mas não respondia diretamente para nenhuma das minhas lideranças. Não entendemos se haveria um feedback ou não, mas pelo menos a nossa parte nós fizemos.

De qualquer forma, a situação serviu para muitos aprendizados e reflexões pessoais que vou compartilhar aqui. Elas não refletem necessariamente o contexto total no qual me encontrava, mas geraram grandes insights. Passei a me perguntar: até que ponto um comportamento se torna tão "natural" — principalmente quando vem da alta hierarquia — a ponto de ser "normalizado" em um ambiente corporativo? Era eu que não estava sendo adaptável ou as pessoas haviam se acostumado com um comportamento anormal? Afinal, alguns nem percebiam o que eu e uma minoria havíamos levantado. Talvez eu fosse muito sensível; ou era uma das únicas a ver esse nó?

A conclusão à qual chego nesse contexto específico é que, em alguns casos, o determinismo corporativo sugere que os indivíduos dentro da organização tendem a agir de maneira previsível e limitada pelas normas, valores, estruturas de poder e expectativas existentes na empresa. O modus operandi, ou seja, a forma de operação padrão estabelece uma espécie de script ou conjunto de regras implícitas que influenciam a forma como as pessoas se comportam, tomam decisões e interagem umas com as outras.

O determinismo corporativo em geral pode ser resultado de diferentes fatores, como hierarquia rígida, sistemas de recompensa e punição, cultura organizacional tóxica, falta de equidade, diversidade e inclusão, entre outros. Esses elementos acabam por criar um ambiente em que as pessoas se sentem pressionadas a se conformar e a agir de acordo com as expectativas estabelecidas em vez de expressarem sua individualidade ou questionarem o status quo.

Comecei a sair da caixa e falar com pessoas de outras empresas para compreender se meus devaneios faziam sentido, e passei a perceber o quanto a ousadia pode ser perigosa nas médias e grandes corporações: é preciso saber quando demonstrá-la e em que medida, além de considerar todas as hipóteses e pontos de vista antes de apresentar um argumento, pois, se você não está preparado para contestar alguém com boas argumentações baseadas em dados e fatos, corre o risco de ser considerado fraco.

Quando o ambiente é assim, passamos a maior parte do tempo preocupados com a aparência. Precisamos parecer perfeitos, usar as palavras e os argumentos mais adequados possíveis e ter atitudes que não se diferenciem muito da maioria, caso contrário seremos considerados ousados. É aí que muitas crenças limitantes são geradas, quando não podemos ser nós mesmos por medo de não nos encaixarmos, de não sermos aceitos no círculo social. Isso é especialmente verdadeiro para quem ocupa uma posição de liderança em um ambiente como esse. O esforço para se encaixar no padrão é desgastante e sufoca nossa criatividade, pois às vezes ficamos tão preocupados em agradar que nos esquecemos da naturalidade e da nossa essência humana.

Então quando devemos questionar? Quando percebemos que não estamos à vontade para compartilhar uma opinião porque sabemos que seremos julgados. Se apenas uma pessoa da equipe age dessa forma, pode ser uma questão pessoal. No entanto, se o líder demonstra algumas das atitudes mencionadas anteriormente, ele pode não estar aberto para que nos expressemos livremente.

O que se deve observar?

→ Como você se sente e quais são os desconfortos físicos (dor no estômago, respiração acelerada, sudorese ou qualquer desconforto).
→ Se você fica livre para compartilhar suas opiniões ou se está fazendo apenas comentários padrões.

Por isso é tão importante observar o ambiente no qual estamos inseridos e questionar quais atitudes são aceitáveis e quais são inaceitáveis. Não deixe uma situação se normalizar caso ela não seja normal. Levante a mão, peça a palavra e questione aquela ação ou conjuntura. Além disso, consulte outras pessoas da empresa para saber a opinião delas. Não entre nesse círculo vicioso e crie você mesmo seu círculo virtuoso.

Vou contar um dos segredos mais poderosos da liderança, que fará toda a diferença para a sua carreira: seja autêntico e se banque por seus resultados. Se alguém vier comentar qualquer coisa em relação a algo único da sua personalidade ou a respeito de algum método mais humanizado de liderança, argumente com dados e fatos: "Essa é uma das minhas melhores características e gera muita criatividade no time; por esse motivo, o nível de aceitação dos colaboradores é X% e, em termos de resultados, bem, somos responsáveis pelo sistema que ganhou mais prêmios na empresa"; "Pois é, dizem que dedico muito tempo a minha equipe, mas em compensação a velocidade de entrega de resultados triplicou e nosso NPS aumentou para 100%".

Reflita sobre os tipos de posicionamento a seguir e sobre qual você quer adotar:

1. Ficar quieto: denota normalização e estar acostumado com a situação; pode inclusive gerar o efeito manada.
2. Discordar e dizer que esse tipo de comunicação não é o que se espera na empresa de acordo com os valores divulgados (no website, nas paredes etc.) e trazer dados e fatos: é uma atitude ousada, mas que, se bem executada, será muito bem-vista por pares e líderes. Se você souber falar bem, com um tom de voz agradável e sem constranger, o resultado tem grandes chances de ser positivo.

Outro segredo muito importante: observe com muito carinho e parcimônia quando lideranças fazem perguntas poderosas com o objetivo de entender o problema profundamente e de realizar um brainstorming sincero e transparente para ouvir a opinião dos colaboradores e gerar soluções assertivas. Às vezes, alguns líderes fazem isso com o intuito de provocar — pode ser o ego — e avaliar quem realmente sabe a resposta.

A cultura do medo e da perfeição começa nas pequenas atitudes e comportamentos e, sem perceber, à medida que evolui, volta-se contra o próprio organismo. Todos — ou quase todos — passam a se sentir enjaulados de modo inconsciente, pois se acostumaram a viver presos e não sabem mais como é estar fora da jaula.

E é tão bom ser livre. Eu adoro, e imagino que você também.

O aprendizado para progredir na carreira

Durante uma aula de matemática, a professora explica como resolver uma equação. Você não entende na hora, mas fica com vergonha de perguntar. Imagina que pode estudar depois e que vai resolver a equação sozinho. Quando chega em casa e tenta decifrar o problema, não consegue. Então se lembra da sua melhor amiga, fera com números, e liga para ela, que não titubeia e lhe explica com facilidade.

Na verdade, ela tem toda a paciência do mundo para destrinchar a equação e explicar cada parte do processo até que você entenda. O que ela fez diferente da professora? Ela simplesmente entende como seu cérebro funciona e adaptou o ensinamento para que você o compreendesse. Parece que sua amiga está dentro da sua mente, mas o que ela sabe que você ainda não?

Ela consegue identificar sua dificuldade, seu desafio, e assim consegue ajudar. Encurta o caminho para ensinar o processo a partir de uma ou várias perspectivas.

Esse foi um exemplo básico no ambiente escolar, mas que vi acontecer com frequência no mundo profissional. Alguns anos atrás, na empresa em que trabalhava, conheci a Janaína em um projeto de chatbots. Eu havia identificado um desafio: vários clientes tinham as mesmas dúvidas sobre o sistema SAP e os analistas perdiam bastante tempo dando a mesma resposta a pessoas diferentes. Além disso, os tickets eram perdidos ou levavam muito tempo para chegar aos analistas porque não eram bem classificados pelos clientes.

Conversei com uma supervisora da área e comecei a trabalhar em um projeto que otimizaria o tempo dos analistas em atividades repetitivas e geraria mais confiança e satisfação para os clientes, que teriam suas dúvidas respondidas com mais rapidez.

A princípio, a ideia era simples e fácil de ser executada, mas, ao olhá-la mais profundamente, o departamento era gigante e existiam muitas classificações para os tickets. Ou seja, eu teria que falar com todos os times do departamento para desenhar o processo de análise de tickets, o que envolvia buscar opções, definir grupos responsáveis etc. Então, a supervisora responsável disse que traria uma pessoa para nos ajudar a coordenar as atividades de forma organizada.

A maioria dos projetos parece simples no começo, mas, à medida que vamos percorrendo seus caminhos, vemos que existem muitos detalhes a serem considerados. Essa era uma atividade complementar ao meu trabalho que me dava prazer pelo desafio de desbravar novos horizontes em busca de ideias inovadoras, mas também me trouxe um insight importante: pessoas podem ter receio de dar ideias porque terão que executá-las, e isso pode dar um trabalho danado. Deve ser por isso que muitas identificam erros e falhas e não se manifestam, para não ter que trabalhar mais — definitivamente, algo que passei a notar mais nas organizações e a fazer pesquisas informais com colaboradores de outras empresas.

A supervisora trouxe a Janaína para ajudar a organizar o projeto, tarefas e atividades. Ela atuaria como gerente de projetos, liderando as pessoas, e eu seguiria com o papel criativo de propor cenários e falar com os outros times, além do processual, organizando as perguntas do chatbot e os caminhos que poderiam seguir em sua estrutura.

Em um primeiro momento, tive minhas ressalvas em relação à Janaína. A minha impressão e a dos demais envolvidos no projeto foi a de que ela tinha um ar de quem sabia tudo. De fato, Janaína sabia fazer acontecer.

Certo dia, após uma reunião, ela percebeu que eu não estava bem e veio conversar comigo. Foi tão certeira ao me compreender que até soltei algumas lágrimas. Depois de me acolher, Janaína deu conselhos sobre como superar a situação que eu estava passando e me contou que era coach há algum tempo.

Seguimos com as reuniões do projeto e passamos a notar um avanço nas entregas e resultados. Janaína identificava as habilidades das pessoas e distribuía tarefas de acordo com aquilo que cada uma sabia fazer; ou seja, ela extraía o melhor dos colaboradores. E como fazia isso? Por meio de conversas individuais para entender o que cada um gostava de fazer (conhecimento técnico e habilidades humanas) e como preferia trabalhar.

Além disso, Janaína determinava uma data-limite de entrega. Fazia o acompanhamento antes desse prazo e perguntava para a pessoa responsável pela tarefa se precisava de alguma ajuda. Parece bastante simples, mas essa coordenação fazia toda a diferença para a entrega de resultados consistentes e no tempo combinado.

Os resultados me intrigavam, assim como a aproximação de Janaína comigo. As duas coisas aconteciam simultaneamente. Um dia, ela se ofereceu para ser minha coach. Explicou o processo, a duração das sessões e o valor. Aceitei, pois queria desenvolver minhas habilidades como líder, até porque em breve assumiria uma posição de liderança formal.

Pois bem, começamos a jornada de aprendizado. Fazíamos sessões a cada duas semanas, e ela era incrível em todas. Sempre me dava muitas lições de casa e eu, como boa aluna, executava todas. Lembro de uma em que ela pediu para eu pesquisar sobre como as pessoas aprendem (de modo visual, mental ou sinestésico) e sobre *fast learners* (indivíduos que aprendem rápido). Foi uma grande sacada, pois durante minhas leituras descobri coisas sobre mim que nem eu sabia e ela identificara rapidamente. Assim são os grandes líderes: eles veem potencial nas pessoas e investem tempo e recursos para que elas se tornem ainda melhores.

Cada indivíduo age e se comunica de uma maneira, e só compreendemos e percebemos isso quando também entendemos como nós mesmos funcionamos.

A seguir, compartilho alguns dos insights que tive nas sessões de coaching com Janaína e que podem te ajudar no processo de aprendizado como pessoa, profissional e líder.

1. Tenha paciência com você mesmo
Não existem respostas prontas, cada ser humano tem uma forma diferente de processar informações. Além disso, todo conteúdo tem suas peculiaridades. Por exemplo, para aprender matemática usamos uma lógica e para aprender inglês, outra.

Avalie quais métodos de aprendizado são mais eficientes para você:

→ Procurar diferentes abordagens sobre o mesmo tema?
→ Conversar com pessoas de opiniões diversas?
→ Assistir a vídeos, treinamentos e lives?
→ Buscar ajuda em grupos de suporte e comunidades (de forma coletiva)?
→ Quais outras formas?

Vale ressaltar que o que funcionou até agora não necessariamente será a forma mais efetiva para seu aprendizado no futuro. Estar atento, perceber-se e experimentar é o que traz resultados mais significativos para a jornada.

Só temos uma experiência real daquilo que experimentamos. O ser humano adulto, segundo o pesquisador e educador norte-americano Malcolm Knowles, aprende através da andragogia, definida por características que incluem: a necessidade de saber o motivo pelo qual se aprende algo; a experiência e os conhecimentos prévios trazidos consigo; a disposição para assumir a responsabilidade pelo próprio aprendizado; e a preferência por uma abordagem mais orientada para a solução de problemas e aplicação prática do conhecimento.

Especialistas em aprendizagem adulta enfatizam a importância de uma abordagem prática e orientada para a aplicação do conhecimento. Os adultos geralmente estão mais motivados a obter conhecimento quando percebem a relevância e a utilidade do que estão aprendendo em sua vida pessoal ou profissional. Portanto, quanto mais atividades práticas, estudos de caso, simulações, discussões em grupo e projetos permitam que as pessoas apliquem o conhecimento adquirido, mais resultados positivos serão alcançados.

E compartilho a cereja do bolo: assim que você compreender amplamente como funciona a sua lógica de aprendizado, coloque-a em prática em diferentes áreas da sua vida para maximizar a sua forma de aprender e fixar o conteúdo que você quer ou precisa.

2. O progresso está diretamente relacionado a falhar

Quando erramos, aprendemos qual caminho não funciona. Pode ser em relação a pessoas, comportamentos ou situações. Entendemos por onde não ir e eliminamos opções.

Reflita sobre sua vida: quais foram os aprendizados mais profundos que você já teve? Eles estão relacionados a acertos ou erros cometidos pelo caminho?

Normalizemos as falhas, elas são necessárias e fazem parte das experiências que nos direcionam rumo à nossa evolução.

3. Não tenha vergonha de dizer: "Não entendi. Pode falar mais sobre esse tema, por favor?".

Pessoas costumam se comunicar de maneiras diferentes, e às vezes não captamos a mensagem passada — e isso é normal. Estilo de comunicação, tipo de personalidade do interlocutor e ruídos na comunicação podem interferir na compreensão de uma mensagem.

Você já refletiu que até a forma de ensino nas escolas pode não ser a mais assertiva para seu tipo de personalidade? Um exemplo disso é o fato de a dinâmica tradicional — professor ensina e aluno escuta — começar a ser questionada; nos últimos anos, muitas instituições começaram a implementar métodos diferentes e mais interativos em que os próprios alunos ensinam ou trocam experiências, o que é muito benéfico.

O sistema de ensino de escolas e universidades alcança a maioria das pessoas, mas não todas. Os neurodivergentes,[1] por exemplo, têm dificuldade para acompanhar métodos de ensino tradicionais e podem vir a ser considerados "lentos" ou "burros", sendo que, na verdade, só aprendem de uma forma que não é contemplada na educação formal.

Por tudo isso, não tenha medo de dizer que não compreendeu algo, que não está acompanhando o raciocínio ou que a mensagem não está clara. Posicione-se: "Não entendi. Pode falar mais sobre esse tema, por favor?"; "Pode dar exemplos?". Não tenha vergonha de dizer que não entendeu nem de dizer isso várias vezes, se necessário.

Todos merecemos uma resposta satisfatória no processo de aprendizado, faça a sua voz ser ouvida.

4. Invoque sua mais ampla curiosidade
Curiosidade é se interessar pelo funcionamento das coisas, seus prós e contras. Essa característica pode ser utilizada para criar métodos robustos de aprendizado e, para que possamos mergulhar nesse conhecimento, precisamos fazer perguntas complexas a fim de desvendar e aprofundar partes do processo que ainda não conhecemos:

→ Quais são os impactos da realização dessa atividade? E da sua não realização?
→ Como resolver esse problema a partir de uma perspectiva diferente?

---

[1] Pessoas neurodivergentes processam informações, percebem o mundo e interagem com os demais de modo diferente do considerado típico pela sociedade. Essa divergência pode se manifestar em uma variedade de condições neurológicas e, ao mesmo tempo que traz desafios, também pode ser acompanhada por habilidades e perspectivas únicas, como criatividade, atenção detalhada e pensamento não convencional. Ser neurodivergente não é uma condição negativa ou patológica por si só, apenas indica uma variação natural na forma como o cérebro funciona.

→ De que forma a resolução seria malsucedida? (Engenharia reversa para compreender cada parte do processo.)

As respostas a essas questões geram compreensão ampla do problema ou situação, assim como novas ideias e reflexões. Imaginação requer treinamento e prática, e esse processo não acontece do dia para a noite. Trabalhe a criatividade para melhorar seu aprendizado. Ou de que maneira poderá extrair a pérola da concha?

5. Observe o que acontece ao seu redor para gerar reflexões e insights
Quando ouvir uma resposta ou argumentação inteligente, reflita:

→ Como determinada pessoa construiu esse argumento?
→ Quais são os elementos que ela usou ou juntou?
→ O que ela desmembrou e quais fatos juntou para construir essa linha de raciocínio?
→ Quais são as palavras que ela usou e sua forma de falar?

Aumente sua percepção para conectar os pontos que estão diante de você e reflita. Somos todos aprendizes e professores.

6. Junte ideias e pivote!
Dificilmente criamos algo do zero. Geralmente, partimos de algo que já existe. As pessoas aprendem mais quando têm algum ponto de referência no ambiente ou por meio de experiências anteriores.

Una coisas que você já aprendeu com o que está aprendendo agora, assim criará novas conexões. "Nada se cria, tudo se transforma" é a frase que define isso melhor. Observe e analise o tema, busque diferentes perspectivas e leve o tempo necessário para criar sua visão.

O nome disso é pivotar: mudar o rumo de uma solução inovando com o objetivo de torná-la melhor, mais criativa e com maior alcance.

7. Evite palavras e frases negativas que levem a crenças limitantes
"Eu não consigo."
"É muito difícil."
"Não faço tal coisa tão bem quanto determinada pessoa."

Escuto muita gente dizendo: "Essa habilidade é natural para fulana" ou "Beltrano faz isso com tanta facilidade!". Por trás desses comentários está o julgamento de que a pessoa nasceu sabendo e não precisou estudar para aprender. Tudo na vida requer dedicação e comprometimento. Não sabemos o quanto esse indivíduo ou profissional precisou estudar ou se esforçar para adquirir e aprimorar determinada habilidade.

A primeira lição que passo em processos de mentoria ou desenvolvimento de líderes quando escuto pessoas dizendo isso é: você já conversou com essa pessoa que admira, e que acredita fazer tal coisa com tanta naturalidade, para entender qual foi o processo de aprendizado dela? A resposta, na esmagadora maioria das vezes, é não. E quando se conversa com quem admiramos, sempre descobrimos que existiu um processo complexo por trás do aprendizado. Nunca é tão simples quanto pensamos.

Além desse exercício poderosíssimo, lembre-se de que palavras têm poder, e por esse motivo é importante avaliar o que dizemos, pois nossa fala pode enviar mensagens positivas ou negativas ao cérebro e, como ele aceita tudo o que ensinamos, o ideal é educá-lo com coisas positivas.

Então que tal substituir as frases negativas por: "Mudar é fácil e divertido" ou "Tenho plena capacidade de me desenvolver"?

O sucesso é uma longa estrada repleta de erros e acertos, mas sempre pode ser mais leve.

8. Fixe o conteúdo
Nosso cérebro nem sempre guarda um conteúdo de primeira, às vezes precisamos revisitar a informação para fixá-la. Se você quer memorizar algo, agende períodos de leitura e estudo de tempos em tempos, nem que sejam de cinco minutos. Dessa

forma, relembrará o que havia aprendido e treinará o cérebro para entrar em modo de melhoria contínua. Escolha um método, teste-o e depois o aprimore.

9. Replique o conhecimento

Além de seguir estudando o tema, uma excelente forma de se conectar com a essência do aprendizado é replicando o conhecimento para outras pessoas. Aprender ensinando faz com que nos aprofundemos no assunto. Novas perspectivas e perguntas sempre agregam valor.

> Com base em tudo isso, quais são suas reflexões? O que colocará em prática?

Após pesquisar sobre pessoas que aprendem rápido, descobri que, para nos tornarmos *fast learners,* devemos mergulhar fundo em nossa maneira de aprender e fixar conteúdos, devemos usar e abusar de visões multidisciplinares. Indivíduos assim têm uma perspectiva multidimensional da realidade e colocam em prática várias habilidades para aprender e fixar conteúdo.

Voltando à minha história, fiquei fascinada com as sessões de coaching com a Janaína e as reflexões que ela me proporcionou e pensei comigo mesma: esse negócio é bom, preciso aprender a fazer isso também.

Ela definitivamente me inspirou a querer me aprofundar no tema, pois pensei: o quanto posso ajudar outras pessoas a partir das minhas reflexões combinadas com as técnicas certas? O mundo é pequeno quando estamos dispostos a fazer o impossível.

O programa Organic Mind-Up de coaching orgânico

Costumo caminhar todos os dias no parque São Lourenço, em Curitiba, pois adoro estar em meio à natureza e acredito que praticar esporte faz bem para o corpo, a mente e a alma. Você já ouviu falar sobre *walking meditation*, a meditação em que você se concentra no movimento de seu corpo, ampliando a concentração? Não sei se você sabe, mas é comprovado cientificamente que temos ótimas ideias quando caminhamos, e eu, como boa peregrina que sou, adoro imergir na natureza e nos pensamentos criativos.

Certo dia, olhando as árvores, o lago e a natureza abundante do parque durante uma caminhada, pensei em minha evolução como pessoa, profissional e coach. Lembrei do filme *A corrente do bem*, no qual o menininho protagonista, Trevor McKinney, recebe uma tarefa do professor de estudos sociais: cada estudante deveria criar e implementar um projeto, com duração de um ano, que mudasse o mundo.

Trevor concebe o seguinte plano: ele deve realizar uma boa ação para três pessoas, e estas realizam para outras três e assim por diante, aumentando a cadeia progressivamente. O que o garoto não sabia é que esse projeto afetaria não só sua vida, mas também a de sua mãe e de várias outras pessoas, florescendo um fenômeno nacional. Enfim, não darei spoiler da história, pois é um filme que você precisa assistir.

O ponto é: a partir desse filme e da minha vontade de mudar o mundo, tive o *"aha moment"* que mudou minha vida (naquele momento, não tinha nem ideia de como isso revolucionaria também todas as minhas decisões profissionais).

Enviei um áudio muito empolgado para Janaína: "É isso que temos que fazer! Vamos mudar o mundo (e a empresa) implementando um programa de coaching orgânico e gratuito no qual as pessoas tenham acesso a um conteúdo de qualidade e possam se desenvolver encurtando distâncias profissionais e evoluindo como grandes líderes. Seremos coaches das pessoas que participarem e, no fim do programa, elas replicarão o que aprenderam como coaches. Será um projeto orgânico e lindo". Obviamente, devido a minha excitação, Janaína pensou que eu estivesse louca, mas, ao mesmo tempo, ela sabia que aquela ideia era extremamente lúcida e respondeu: "Vamos conversar".

Ao chegar à empresa, nós nos reunimos e começamos a planejar esse programa de coaching a partir de algumas perguntas iniciais:

- → Por que criar um programa como esse?
- → O que o comporia?
- → Quais habilidades ensinaríamos?
- → Quantas sessões seriam suficientes?
- → Quem seriam os participantes?
- → Por meio de qual metodologia?

Também chamamos João, um coach extremamente criativo e disruptivo e um grande amigo, para compor nosso time de três pessoas. Toda grande ideia não se realiza sozinha. Precisamos de pessoas que acreditem no propósito e que possam agregar com seu pensamento analítico e estratégico.

Após a entrada de João, começamos a desenhar uma proposta do programa de coaching orgânico para apresentá-la a alguns gerentes, pois precisaríamos de patrocinadores (*sponsors*) que "comprassem" a ideia e nos ajudassem a convencer as lideranças de que era algo inovador, disruptivo e bom para a empresa. Utilizamos o formato de apresentação de *business case* — o qual resumia boas ideias em ações práticas para a empresa —, que eu usava quando trabalhava na área de inovação, e *voilà*, a ideia estava concebida.

Atualmente, nas mentorias e programas de *mastermind* que dou para altas lideranças e pessoas executivas, utilizo um modelo de *business case* diferenciado explicado a seguir. É uma ferramenta usada para apresentar novas ideias ou projetos dentro de uma empresa ou negócio. Sinta-se livre para utilizá-lo ao propor inovações em sua empresa ou negócio. Incluo um exemplo fictício para ilustrar mais profundamente seu uso.

Resumo executivo: é um resumo conciso do projeto e da ideia proposta. Ele deve fornecer uma visão geral clara do que é a ideia, quais são os principais benefícios e por que vale a pena investir nela.

Exemplo: O presente *business case* propõe a implementação de uma plataforma de e-commerce personalizada para nossa empresa. A ideia central é oferecer aos clientes uma experiência de compra on-line aprimorada, aumentando a conveniência, expandindo nosso alcance de mercado e impulsionando as vendas. Com base em análises de mercado e projeções financeiras, acredita-se que a plataforma resultará em um aumento significativo da receita e fortalecerá nossa posição competitiva. Recomenda-se a aprovação deste projeto e o investimento necessário para sua realização.

Introdução: nesta seção, você apresentará o contexto do projeto, explicando a necessidade ou oportunidade que está sendo abordada. Descreva os desafios ou problemas existentes e como a nova ideia pode ajudar a resolver ou melhorar a situação.

Exemplo: apresentamos uma nova ideia estratégica para a empresa multinacional: a implementação de uma plataforma de e-commerce personalizada. Com a crescente demanda por compras on-line, essa iniciativa visa fortalecer nossa presença digital, expandir nosso alcance de mercado e melhorar a experiência de compra dos clientes. Esta introdução destaca a oportunidade de impulsionar o crescimento da empresa e se adaptar às necessidades do mercado em constante evolução.

Objetivos e metas: defina claramente os objetivos do projeto e as metas que deseja alcançar. Isso pode incluir metas financeiras, de mercado, de eficiência operacional, entre outras. Certifique-se de que os objetivos sejam específicos, mensuráveis, alcançáveis, relevantes e temporais (conhe-

cidos como critérios smart — *specific, measurable, attainable, relevant, time based*).
Exemplo:

1. Aumentar as vendas on-line em X%: estabelecer como meta um aumento específico nas vendas por meio da plataforma de e-commerce, visando impulsionar o crescimento da receita.
2. Expandir o alcance de mercado: estabelecer como meta alcançar novos segmentos de clientes e expandir a presença da empresa em mercados geográficos adicionais, aproveitando o potencial de alcance global da plataforma de e-commerce.
3. Aprimorar a experiência do cliente: estabelecer como objetivo melhorar a experiência geral do cliente, oferecendo recursos como navegação intuitiva, processos simplificados de compra, um suporte ao cliente eficiente e personalização de produtos e serviços.
4. Aumentar a fidelidade e retenção de clientes: estabelecer como meta aumentar a fidelidade dos clientes existentes e promover a retenção por meio da plataforma de e-commerce, oferecendo programas de fidelidade, ofertas personalizadas e uma comunicação eficaz com os consumidores.

Análise de mercado: realize uma análise detalhada do mercado relevante para a ideia proposta. Isso pode envolver pesquisas de mercado, análise da concorrência, identificação de oportunidades e tendências, segmentação de clientes, entre outros aspectos pertinentes. Demonstre a viabilidade da ideia no mercado atual.
Exemplo: A análise de mercado revela uma oportunidade significativa para a implementação da plataforma de e-commerce personalizada. A penetração do comércio eletrônico está em constante crescimento, com um aumento substancial nas compras on-line nos últimos anos. A pesquisa de mercado identifica uma demanda crescente por conveniência, variedade de produtos e experiências

de compra personalizadas. Além disso, a concorrência no mercado de e-commerce é robusta, com várias empresas estabelecidas e emergentes competindo pela preferência dos consumidores.

Análise de viabilidade: avalie a viabilidade financeira, operacional e técnica da implementação da ideia. Isso pode incluir projeções financeiras, estimativas de custos, análise de riscos, análise de recursos necessários e considerações legais ou regulatórias. Demonstre que a ideia é viável e sustentável em termos de recursos e capacidades da empresa.

Exemplo: A análise de viabilidade indica que a implementação da plataforma de e-commerce personalizada é altamente viável. Os estudos financeiros (trazer dados e fatos) mostram um potencial de retorno sobre o investimento atrativo, com projeções de aumento significativo na receita proveniente das vendas on-line. Além disso, os recursos necessários para o desenvolvimento e manutenção da plataforma são considerados acessíveis, e as capacidades técnicas da empresa são adequadas para essa iniciativa. As análises de risco identificaram desafios potenciais, como concorrência acirrada e a necessidade de garantir a segurança das transações on-line. No entanto, as estratégias de mitigação de riscos propostas são eficazes. Com base nessa análise, a implementação da plataforma de e-commerce personalizada é considerada viável e promissora.

Análise de retorno sobre o investimento (ROI): apresente uma avaliação clara dos benefícios financeiros esperados da ideia. Isso pode incluir estimativas de receita, análise de custo-benefício, período de retorno do investimento e outras métricas financeiras relevantes. Mostre que a ideia tem um potencial sólido de retorno sobre o investimento.

Próximos passos: desenvolva um plano detalhado de aprovações necessárias e próximos passos após a aprovação.

> Lembre-se de adaptar a estrutura do *business case* de acordo com as diretrizes e os requisitos específicos da empresa, negócio (ou mesmo time) para o qual você está apresentando a ideia.

Enfim, a parte mais desafiadora estava por vir: apresentar uma proposta com um olhar humanizado para líderes de tecnologia, em sua maioria técnicos e racionais — muitos tinham um perfil mais voltado para dados, fatos e processos; ou seja, observando as lideranças e fazendo um panorama com o perfil DISC, notava-se uma predominância de dominantes e conformes.

Nessa época, existiam treinamentos de liderança e comunicação assertiva, mas o maior foco, inclusive de análise de performance profissional, era realizado com base em *hard skills* — inclusive os PDIs (planos de desenvolvimento individuais) focavam mais nessa área.

Era um grande desafio falar sobre habilidades humanas, e mais ainda sobre coaching (que estava sofrendo um boom na mídia e às vezes era visto como "ruim" devido ao aumento de cursos de coaching no Brasil — alguns trazendo visões mais holísticas e menos analíticas e científicas).

Lembro-me de ter apresentado a ideia do projeto bastante empolgada para meu gerente de área em TI, descrevendo todas as possibilidades de transformarmos o desenvolvimento humano do departamento e ressaltando que muitas pessoas teriam acesso a informações e conhecimentos que chegavam a poucos, ou seja, mais colaboradores poderiam evoluir e alcançar posições de liderança.

Resumo da história: ele disse que não via muita chance de dar certo, pois era um processo complexo, e que não sabia se traria resultados, ou seja, era algo muito incerto em um contexto que ainda não conhecíamos. Você pode imaginar a minha decepção pelo balde de água fria que levei. Cheguei inclusive a me questionar se era uma inaptidão minha de explicar a ideia de modo convincente ou se seria falta de interesse, naquele momento, em relação a essa ideia e às prioridades da empresa.

Depois dessa conversa, Janaína, João e eu refinamos o plano, trouxemos ainda mais dados para o deck de apresentação e fomos em busca de outros potenciais patrocinadores. Dialogamos e pedimos opiniões de outras gerentes, recebendo feedbacks muito parecidos, mas fomos, pouco a pouco, deixando a proposta mais robusta, diminuindo os pontos cegos e melhorando a argumentação. Cada apresentação com feedbacks positivos e/ou negativos se transformava em novas argumentações, mais inteligentes e estratégicas. Desistir nunca foi uma opção, estávamos empolgados com o projeto e não pensávamos na possibilidade de ele não dar certo.

Não recordo bem como Janaína, João e eu chegamos aos gerentes Fabrício e Lúcia, que haviam ficado responsáveis por desenvolver ações práticas para transformar a cultura do departamento de TI global (atribuindo planos de ação a partir de pesquisas de satisfação de colaboradores de todos os países onde a empresa atuava), mas fomos até eles.

Nós três apresentamos a proposta com um grande frio na barriga. Aquele era o momento de encantar e conseguir o tão esperado SIM. Respondemos a todas as perguntas e questionamentos. No fim da apresentação, tivemos autorização para começar um experimento por meio de um plano piloto.

Em médias e grandes empresas, quando queremos implementar algo novo, que nunca foi feito antes, a palavra "piloto" ou "experimento" ajuda muito a diminuir o receio de fazer coisas inovadoras que podem vir a dar errado, pois, se não funcionar, era apenas um "experimento". Fabrício e Lúcia embarcaram conosco nessa iniciativa e ela seria nossa "cobaia". Eu seria sua coach para validar o programa. Janaína e João teriam coachees também.

Nem preciso dizer que eu, coach iniciante que era, fiquei um pouco assustada fazendo coaching com Lúcia. Quem era eu na fila do pão para ensinar a esses gestores extremamente experientes como se comunicar melhor com colaboradores ou ter atitudes mais inclusivas e humanizadas na empresa?

O lado bom é que nessa época eu tinha muita atitude e menos filtros. Era inovadora, cheia de ideias e um tanto quanto ingênua. Ainda me lembro das primeiras sessões, em que minha voz quase não saía pela vergonha de falar o que não costumava ser dito ou até de corrigir comportamentos que via como equivocados nas habilidades humanas de uma cultura que estava em transformação.

Aos poucos, fomos avançando. Começamos com três coaches no primeiro programa e, no fim desse ciclo do primeiro ano, o número dobrou. O programa ficou mais robusto, com materiais muito bem desenvolvidos para apoiar as sessões, a cadência de reuniões ficou excelentemente organizada e os exercícios em grupo, em que todos os participantes (coachees) e coaches trocavam ideias e conhecimento, foram bem estruturados.

Um dos coachees que participou do piloto foi Luís, um gerente que fora expatriado em vários países da África, tinha um vasto conhecimento em gestão de pessoas e muita vontade de aprender. Ele se tornou um dos nossos grandes agentes de mudança, e inclusive foi fazer um curso de coaching com uma das mais renomadas instituições do Brasil para complementar seu conhecimento e trazer mais estrutura para o programa. Ele falava positivamente sobre o Organic Mind-Up e se tornou o que chamamos de advogado da marca. Tudo na vida começa pequeno até que se expanda e conquiste novos territórios e, principalmente e mais importante, pessoas.

Apesar do trabalho que dava para organizar as chamadas para o programa, principalmente o processo seletivo dos participantes e a preparação dos coaches, o projeto chegou ao segundo ano. Nosso modelo de diagnóstico era levantar os pontos fortes e os pontos a melhorar do participante e ver qual coach tinha as habilidades necessárias para ajudar aquela pessoa. Fomos aprendendo sobre tudo isso (além de como sermos melhores coaches ao enfrentar nossos próprios medos, receios e crenças) durante o caminhar, pois liderança não é estar 100% pronto, mas sim construir nosso potencial e desenvolver nossas melhores habilidades.

Assim, o programa foi crescendo e o aplicamos não só no departamento de TI, mas também em todos os outros (controladoria, RH, químicos, lubrificantes e combustíveis etc.). Atualmente, o projeto continua e já teve mais de sessenta participantes, ou seja, mais de sessenta coaches formados, e cresce a cada ano.

Muitos colaboradores tiveram a oportunidade de se desenvolver no que chamo de "ambiente controlado", ou seja, em um laboratório onde puderam e podem compartilhar medos, desafios e dificuldades, propiciando um desenvolvimento genuíno, real, autêntico. Esses participantes tiveram coaches que acreditaram neles e também se tornaram coaches, o que fixava o aprendizado das habilidades humanas, liderança, proatividade, estratégia e tantas outras *human skills*. Além de, claro, conquistar melhores cargos e, consequentemente, performance e salários. Lembra o que comentei na história anterior sobre *fast learners* e como eles fixam conteúdo? No programa nós ensinávamos exatamente isso!

No fim das contas, mudar o mundo é isto: hackear sistemas e culturas com um modus operandi que às vezes parece imutável. E o mais legal é que todo ano recebo mensagens no LinkedIn de pessoas que passaram pelo Organic Mind-Up e puderam ter acesso a informações que antes só alguns líderes tinham, expandindo o que costumo chamar de "Corrente do Bem" dentro das empresas.

Aproveito para reafirmar que: Líderes que curam são pessoas normais que fazem coisas extraordinárias e o impossível acontecer.

Um feedback duro que me fez crescer

Lembro que estava olhando para o teto da sala de reuniões e pensei: "Este está sendo um dia de trabalho muito difícil". Tinha acabado de receber um dos feedbacks mais duros da minha vida. Renata, minha supervisora na época, não deu voltas nem floreios e simplesmente jogou a real: disse que sabia o tamanho da minha dedicação ao trabalho, mas que eu estava envolvida em projetos e comitês demais, o que causava estranhamento nos outros líderes e gerentes. Ou seja, estava no comitê de inovação, de liderança, participava de projetos na área de pessoas e, claro, ainda tinha o meu *core job* como analista de sistemas.

Para mim, era natural ser assim, tinha energia de sobra e acreditava que estava contribuindo com a empresa, no entanto, para outros líderes, a minha dedicação poderia ser vista como falta de foco.

Ainda digerindo essa informação, perguntei à Renata o que poderia fazer para mudar a percepção que tinham sobre mim, e ela disse que deveríamos reduzir minhas atividades extras. Eu focaria meus esforços apenas em atividades de liderança e escolheria um comitê dessa mesma área, assim passaria uma imagem de seriedade para os demais líderes e, alinhando meu ser e parecer, seria mais "fácil" ser promovida a uma posição de liderança formal.

Naquele dia, saí arrasada do trabalho, questionando-me se estava no lugar certo. Amava e sempre amei a empresa, sou muito grata por todos os aprendizados e sempre a recomendo, mas comecei a questionar se meus valores estavam conectados com os da organização.

Alguns dos meus valores são o comprometimento e a dedicação, e era isso que eu colocava em prática, mas algumas lideranças não compreendiam da mesma forma. Como eu não era percebida como uma pessoa apaixonada pelo que faz? Por que não era valorizada em vez de ser vista como alguém sem foco?

Você pode notar que, em um primeiro momento, fui para o vitimismo — eu, eu, eu —, até que percebi que eu poderia deixar o ego de lado e transformar essa situação. Foi quando entendi que precisava trabalhar meu **branding pessoal** e minha **estratégia de tempo**. Claramente, poderia fazer mais com menos e de forma mais estratégica. Todo mundo ganharia: eu não teria que fazer tanto esforço e, ainda assim, seria mais bem vista e percebida pela alta gestão. Na época, pensei: "Nossa, como sou ingênua". E era mesmo.

A pergunta que me fiz e que mudou tudo foi: Por que dar 300% de mim se a regra do jogo não era essa?

Tempo e esforço são moedas valiosas. Onde estamos investindo-os? De que maneira? Qual está sendo o retorno?

Você já se questionou sobre isso? Em minhas mentorias, sempre trago esse ponto como nevrálgico para qualquer pessoa líder ou executiva. Aprendi uma analogia que adoro com uma grande líder, a mestre em Governança e Sustentabilidade Anna Mussi. Ela diz que temos 86.400 segundos por dia; se esse número fosse em reais, o que faríamos e onde investiríamos essa quantia? É uma reflexão que vale a pena trazer à tona para questionar onde estamos colocando a moeda mais preciosa e esgotável que temos, o nosso tempo.

O autoconhecimento é essencial para o aprimoramento de nossos valores e princípios. Ao utilizá-los como guias estratégicos em nossas decisões pessoais e profissionais, fortalecemos nossa integridade e coerência. Por exemplo, se o respeito é um valor fundamental, é importante refletir se o aplicamos consistentemente em todas as nossas interações diárias, tratando todas as pessoas com dignidade, consideração e cortesia, independentemente de suas características. Além disso, é fundamental estender esse respeito a nós mesmos, assegurando que nos tratemos com a mesma consideração que dispensamos aos outros.

Pois bem, existe um exercício interessante que aplico em minhas mentorias com o objetivo de desvendar aspectos da personalidade conhecidos e desconhecidos pelo nosso eu. O nome desse exercício é Janela de Johari, uma ferramenta criada por Joseph Luft e Harrington Ingham em 1955. Ela serve como um instrumento gráfico para a visualização da nossa dinâmica de relações interpessoais. É de extrema importância principalmente para líderes que querem desenvolver inteligência emocional, pois ajuda a identificar como agimos e como somos percebidos pelo outro.

A Janela de Johari abrange quatro áreas:

Área aberta: quadrante referente a pontos conhecidos por nós e pelos outros.
Área cega: quadrante referente a pontos conhecidos somente pelos outros, desconhecidos por nós.
Área oculta: quadrante referente a pontos conhecidos somente por nós, desconhecidos pelos outros.
Área desconhecida: quadrante referente a pontos desconhecidos por nós e pelos outros.

	Conhecido pelo eu	Não conhecido pelo eu
Conhecido pelos outros	1. Eu aberto	2. Eu cego
Não conhecido pelos outros	3. Eu oculto	4. Eu desconhecido

Janela de Johari

	Conhecido por Ana	Não conhecido por Ana
Conhecido por Maria	Amigável Simpática Tagarela Comprometida Profissional Resolutiva Objetiva demais	Pouco criativa Carinhosa Não sabe dizer não Sensível a críticas
Não conhecido por Maria	Visionária Insegura Inquieta	Características ainda não conhecidas

Para que você tenha uma visão ampla da sua janela, antes de escrevê-la, sugiro que peça um feedback (via e-mail ou mensagem, por exemplo) a cinco pessoas. Use as seguintes perguntas para ter um melhor resultado:

- → Como você me percebe na vida pessoal e profissional?
- → O que diria sobre minha forma de trabalhar? Quais adjetivos usaria para descrever meus comportamentos e atitudes no ambiente de trabalho?
- → Diga as cinco principais características que nota em mim.
- → O que posso melhorar que você nunca me disse antes?

A partir das respostas, é possível construir sua janela e desenvolver sua visão sobre si mesma — pessoal e como líder.

A seguir incluo alguns exemplos da minha Janela de Johari, em ambas as frentes, para te inspirar a fazer a tua:

- → Eu aberto: amigável, simpática, comprometida, informal, alegre.
- → Eu aberto líder: dá liberdade e confiança para as pessoas, está aberta a conversar sobre qualquer assunto.
- → Eu cego: agitada, tímida.
- → Eu cego líder: interrompe pessoas quando falam devido à ansiedade; por dar muita abertura para as pessoas se desenvolverem, pode parecer não saber como agir em determinadas situações (mas quer que as pessoas cresçam e evoluam); tem expressões faciais muito espontâneas.
- → Eu oculto: quietinha, medrosa para algumas coisas, gosta de paz e conforto.
- → Eu oculto líder: tem medo de não considerar todas as perspectivas de uma decisão e falhar perante times e pessoas.
- → Eu desconhecido: habilidades latentes na arte, quer ter uma vida mais tranquila e com menos estresse.
- → Eu desconhecido líder: habilidades de liderança adaptativas ainda desconhecidas, talvez não sabe todo o potencial que tem dentro de si para gerenciar situações e pessoas.

Como você pode perceber, esse exercício é infinito, pois vai mudando à medida que nos desenvolvemos e evoluímos. Sempre teremos o que aprender sobre nossas atitudes e como interagimos com o meio.

Algumas outras reflexões que fiz durante a história que contei para me tornar líder formal e adaptar meus comportamentos e atitudes foram:

- → Se quero me tornar uma líder formal e ser vista como tal, devo estar engajada em atividades que demonstrem minha habilidade de liderança.
- → Como desejo que as pessoas me vejam a partir de agora e o que preciso adaptar nos meus comportamentos para ser percebida como líder?
- → Que marca quero deixar no ambiente de trabalho?
- → Como comunicarei minhas atividades?
- → Não preciso estar em quase todos os comitês. Quais são os mais importantes e estratégicos para o que quero alcançar?

Foi bastante desafiador realizar essa análise, mas percebi que eu tinha a crença de que só seria bem avaliada se entregasse muito; achava que precisava fazer o melhor e dar o máximo de mim até ficar esgotada, mas agir assim, até o limite, faz muitas pessoas desenvolverem doenças mentais advindas do trabalho, como estresse, síndrome do pânico, burnout, entre outras. Também me deparei com pesquisas sobre esse tema relacionadas a sabotadores, nossos inimigos internos, e identifiquei que tenho dois: o crítico e o hiper-realizador. Para mais informações sobre sabotadores, recomendo o livro *Inteligência positiva*, da Shirzad Chamine.

Trago essa história para você como aprendizado de como foi importante ter um feedback como esse, que mudou a minha vida profissional. Graças a esse ambiente, a essa conversa, eu pude evoluir, e até hoje sou grata à Renata por ter coragem de se colocar em um lugar de vulnerabilidade para me dar esse presente.

É muito interessante perceber o que nos torna líderes. Para você que está lendo este livro, aproveite para olhar o retrovisor da sua vida e enxergar com clareza experiências que te moldaram, assim como pontos cegos que agora talvez pareçam mais claros na sua linha do tempo.

Vale ressaltar que, depois que virei líder formal, todos esses insights foram muito valiosos para trabalhar minha estratégia pessoal e contribuíram também com a cura das crenças que me limitavam.

É engraçado como a vida traz aprendizados. Tudo que vivo e aprendo, um dia vira ensinamento para aquelas que liderei e/ou que procuram minhas mentorias. Parece que o universo traz as pessoas certas para que eu possa contribuir com os insights que já tive em relação a minha vida pessoal e profissional.

Certa vez, em uma reunião 1:1 com um liderado, ele trouxe a dificuldade e o desafio de saber quanto tempo dedicar a cada responsabilidade como analista. Contei a ele essa mesma história e compartilhei como organizava minha agenda. Disse a ele:

— Pense no seu tempo e esforços como uma carteira de investimentos. Se você é conservador em tudo o que faz e dedica exatamente o mesmo tempo e esforço para todos os problemas, qual resultado vai obter? Agora, se você analisar tudo o que tem para trabalhar, desenvolver e entregar, e pensar estrategicamente, calculando onde vale a pena dedicar mais tempo e esforço, medindo o que dará mais retorno, perceberá em qual aspecto pode ser mais produtivo e quando vale a pena entender um processo de A a Z. Então, como vai diversificar sua carteira de investimentos chamada 'tempo'?

— Ah, agora entendi — ele falou.

As pessoas que veem o tempo como a commodity mais estratégica do mundo são as que obtêm melhores resultados sempre. É uma pena que tão poucos líderes nos ensinem a usar o tempo como algo tão valioso.

Essa coisa de ser mais estratégico e pensar no tempo como uma moeda valiosa para realizar nossos sonhos ainda vai nos levar mais além.

As regras invisíveis do jogo
Quando criança, eu achava meu nome muito diferente e isso era algo que me incomodava. Queria me chamar Angélica ou Jéssica. Gostava da artista Angélica, das músicas, do "Vou de táxi", e a tinha como referência. É engraçado como na infância gostamos e nos inspiramos em pessoas, desenhos, super-heróis sem saber direito o porquê.

Mas por que estou contando isso? Para que você reflita como a gente vem ao mundo e é guiado por pessoas ou referências já existentes, ou seja, pelos nossos pais ou cuidadores. Eles tomam todas as decisões por nós, a começar por nosso nome. Depois vêm as opiniões, as crenças e as visões de mundo que herdamos da família, da sociedade e de religiões, culturas e tradições.

Lembro que vivi uma fase, lá pelos oito anos, em que queria ter tudo roxo: roupas, canetas, lápis de cor. Roxo foi, por um bom tempo, minha cor preferida. Minha mãe não gostava, e era sempre uma discussão. Aprendi esta dura verdade sobre a vida logo cedo: se não dermos nossa opinião de maneira singela e genuína, outros o farão por nós. Mais à frente você vai compreender o link que farei com essa história.

Eis que, um certo dia, minha supervisora me chamou na salinha para conversar. Ao nos sentarmos, percebi sua feição e olhar sérios. Ela não enrolou, disse que tinham encontrado uma vaga de supervisão para mim:

— Você vai liderar um time de onze homens. Todos técnicos, desenvolvedores. O time é bem interessante, você vai aprender sobre novas tecnologias.

— Uou, que legal! — Fiquei superfeliz e agradecida.

Eu ainda não a conhecia muito bem, pois naquele ano meu time havia trocado de supervisor três vezes e ela estava na posição fazia um mês. No entanto, sua tensão e preocupação eram visíveis. Respirou fundo e continuou:

— Você precisa se ater a alguns pontos. Vou falar isso porque já sofri no passado: você é mulher, loira, bonita e está sempre arrumada e colorida. Seria interessante vestir tons neutros, cores como preto, branco ou cinza, pelo menos no começo, para conquistar seu território e não ser julgada.

Confesso que travei. Demorei alguns lapsos de segundo processando essa informação. Não fiquei brava nem magoada, mas fiquei sem entender de onde vinha esse feedback.

Nunca na vida teria me preocupado com isso se ela não tivesse falado. Sempre pensei: "Se sou competente o bastante, se cheguei até aqui por meu intelecto, comprometimento e trabalho, por que deveria me preocupar com minhas roupas coloridas ou ser julgada por elas?".

Ela me contou sua história e como já a tinham julgado. Quis me curar antes mesmo de eu ser ferida. É muito interessante como os vieses inconscientes estão mais presentes do que imaginamos, tanto nos outros como em nós mesmos. Faz parte do processo de cura torná-los mais conscientes para, dessa forma, ressignificar o que pensamos de nós, das outras pessoas, do mundo e das nossas ações.

Então, entrei no jogo e fiz o que minha supervisora falou. Usei roupas neutras durante alguns meses, e quem me tornei? Uma pessoa neutra. Não era mais a Antonella roxa que escolhia suas próprias roupas, tinha perdido um fator essencial: minha personalidade e autenticidade. Bem, foi um longo caminho até reencontrá-la.

Encontrar o nosso equilíbrio é também perdê-lo. O interessante é que nunca voltamos ao ponto de partida, estamos em constante transformação.

O valor das parcerias verdadeiras no ambiente de trabalho

Minha primeira impressão ao conhecer Julieta, minha nova supervisora, foi de que ela era extremamente inteligente e rápida de raciocínio, sem muita paciência para pessoas ou argumentos lerdos.

Em nossa primeira reunião, a velocidade de sua fala era tão rápida que pensei: essa mulher é um trator, e olha que eu penso rápido! Foi um misto de admiração e frio na barriga, mas a voz positiva que mora em mim falou: "Você vai conseguir, sempre consegue, afinal, chegou até aqui".

Peguei papel e caneta, o que ajudaria a me manter focada. Fiz o possível para acompanhar tudo que ela falou. Anotei os pontos, as tarefas que ela queria que eu assumisse, os feedbacks em relação às pessoas do time que eu supervisionaria e o modus operandi do departamento e dos líderes acima dela, que, no caso, indiretamente, também seriam meus líderes.

O que percebi logo de cara foi que ela queria tudo para ontem e era bastante assertiva na comunicação. Mas o que realmente me fez refletir foi que suas expressões faciais, enquanto falava comigo, demonstravam que estava me testando ao me dar tantos desafios e tarefas para serem cumpridos na velocidade da luz.

Sim, alguns líderes lideram pelo medo porque, durante muito tempo, essa foi a forma "normal" de operar nas organizações. Querendo ou não, o receio gera resultados, faz as pessoas se moverem, despertam gatilhos. Mas a que custo? E movidas por qual propósito? É o famoso chicotinho invisível — e era inconsciente. "Tudo bem", pensei. Sempre fui positiva — e talvez um pouco ingênua — e, em vez de olhar para o negativo, indaguei: "O que posso aprender com isso? Ou melhor, o que posso aprender com ela?".

No fundo, eu só queria ser aceita e valorizada, o que, na verdade, é o desejo da grande maioria das pessoas. O ser humano gosta de se sentir parte de algo. Isso se chama pertencimento, e eu percebia pouco a pouco que era um peixe fora d'água, mas ainda não em toda amplitude — não naquela época, pelo menos. Sentia um incômodo em relação a essa situação, porém não sabia por quê.

Pois bem, sempre que Julieta e eu conversávamos, sentia esse desconforto, uma espécie de embrulho ou nó no estômago. Após cada reunião, eu cumpria todas as atividades ou tarefas acordadas e, como boa pessoa resiliente, comecei a observar os processos mentais dela, como pensava e se comunicava, que perguntas fazia. Anotava minhas conclusões e insights. Além disso, passei a analisar, por exemplo, como ela redigia e-mails. Paulatinamente, fui decifrando seu modus operandi e entendendo como poderia me comunicar melhor com Julieta e quebrar a imagem preestabelecida que ela tinha de mim.

Até que certa vez, em uma reunião, falei: "Entendi, você conectou esse e esse ponto, trouxe essa nova perspectiva de focar a solução e deu uma pincelada na estratégia que vamos usar para alcançar este objetivo". Naquele momento, quebrei a barreira que existia entre nós, o véu que nos separava de crescer e evoluir juntas. Vi em seu olhar o espanto por eu ter decifrado seu modo de pensar. Provavelmente, poucas pessoas tinham feito isso. Aquela ocasião tão singela determinou a história que passamos a escrever juntas.

Sou uma pessoa teórica, isto é, primeiro preciso entender o processo; e Julieta, uma pessoa prática. Ela falava sobre algo, eu complementava com um conceito ou com outro ponto de vista e íamos cocriando a ideia juntas. Usávamos a inteligência criativa em sua melhor definição, pegando uma ideia já utilizada, dando um *revamp*, trazendo um novo conceito para a mesa e pivotando.

Assim, nossa relação foi melhorando e começamos a nos entender. Ela passou a confiar mais em mim, pois via que eu sempre estava disponível, era dedicada e comprometida. As coisas começaram a fluir até o ponto de eu saber exatamente o que ela pensava antes mesmo que falasse.

Passei a adorar trabalhar com Julieta e nos tornamos uma dupla dinâmica. Conversávamos profundamente sobre as pessoas dos nossos times, suas fortalezas e áreas de melhorias, e como desenvolvê-las, sempre olhando para a esfera profissional e pessoal.

Ela contava as histórias antigas dos membros da equipe, porque os conhecia havia alguns anos, e eu, as mais recentes. Juntávamos os pontos e saíamos com exercícios e estratégias para trabalhar com cada pessoa.

Julieta tem muitos dons, entre eles o dom maravilhoso de contar histórias. Sempre tinha uma narrativa para explicar um conceito ou destrinchar de maneira didática algum acontecimento. Além das histórias, trazia frases de impacto para ilustrar nossas conversas: "O time é reflexo do líder" e "Grandes líderes são excelentes contadores de histórias". Essas foram as que mais me marcaram e das quais ainda me lembro.

Lembro vividamente do dia em que ela me falou do conto "O rei está nu", de Hans Christian Andersen. É uma história geralmente lida na infância, e Julieta a usou para ilustrar a forma como muitas vezes, no ambiente corporativo, as pessoas não nos dão feedbacks sinceros e profundos, principalmente quando estamos em uma posição de liderança. Fiquei indignada pensando que não deveria ser assim. Afinal, como líderes e pessoas vão evoluir sem feedbacks verdadeiros?

Ela fez um paralelo com o fato de o rei achar que estava vestido. Na história, ele perguntava para as pessoas: "Como está minha roupa?". E elas respondiam: "Está linda!", mas na realidade ele estava pelado e ninguém tinha coragem de falar. Observei essa dinâmica na organização e descobri que era a mais absoluta verdade: quanto mais subimos na hierarquia das organizações, menos feedbacks genuínos recebemos, a não ser que estabeleçamos parcerias verdadeiras que cultivem esse hábito, ou que a cultura da empresa fomente feedbacks transparentes nas mais altas hierarquias.

É muito interessante perceber como podemos transformar qualquer situação ao nosso redor mudando de atitude. Notei que podia fazer diferente, que queria investir tempo e paciência nessa relação com Julieta, e foi isso que fiz. Não esperei que ela fosse a líder perfeita, simplesmente criei espaço para que isso acontecesse e desenvolvi a capacidade analítica para acompanhá-la. E foi a melhor coisa que fiz, porque derrubei o muro entre nós e conheci genuinamente uma das melhores líderes da minha vida, além de termos nos tornado grandes amigas.

Sabe aquela relação que flui tão naturalmente que você chega a completar as frases da outra pessoa? Quando a sinergia é gostosa, leve, e a confiança é tamanha que você se sente livre para trocar ideias profundas? Aos poucos, além de parceiras no trabalho, sinceras uma com a outra, complementávamos nossas frases e ideias sem julgamento de valor. Se não entendíamos o motivo de algum posicionamento, perguntávamos, escutávamos e agregávamos. Quando algo assim acontece, temos as trocas mais profundas, pois não estamos avaliando minimamente o que o outro diz ou quem ele é; simplesmente sabemos que ele falou algo genuíno e acolhemos essa verdade. Assim, sentia o trabalho leve mesmo que fosse pesado, e essa é uma habilidade dos grandes líderes: trazer leveza às coisas.

Não existia nenhum assunto que eu tivesse vergonha de falar com ela, tínhamos conversas realmente profundas, pois construímos essa parceria. Dei os primeiros passos, não desisti e ela percebeu meu esforço e me encontrou no meio do caminho.

Ao encontrar uma parceria verdadeira no trabalho, descobrimos que existe um sentido maior nos relacionamentos profissionais. Trata-se de estar no mesmo barco, remando em consonância, pois liderança não é só remar para o mesmo lado. É ajustar a velocidade no tempo adequado, comunicar de forma assertiva para que todos participem da tomada de decisões e encontrar a assinatura do time, sua forma de trabalhar e interagir.

Sempre tentávamos encontrar um denominador comum. Éramos uma dupla dinâmica de líderes que acreditavam em pessoas. Julieta me curou inúmeras vezes e em diversas esferas da vida. Em um ano e meio que trabalhei com ela, evoluí anos-luz profissionalmente. Ela foi minha chefe, líder, parceira e amiga. A frase que resume nossa história juntas é:

> **Líderes humanizados e que têm paciência para aprender e ensinar fidelizam os melhores talentos.**

Quando temos lideranças assim, a empresa, os colaboradores, o time e os próprios líderes ganham. Existe melhor negociação ganha-ganha do que essa?

Carol Dweck, no livro *Mindset: A nova psicologia do sucesso*, fala exatamente disso: se nem casais concordam em tudo e precisam se esforçar para defender seus pontos de vista, quem dirá colegas de trabalho.

Para sua reflexão:
→ Em quais relações profissionais você deseja investir mais tempo? E com quais pessoas?
→ Qual é o ponto de inflexão que faz você desistir de uma pessoa no ambiente profissional (colega ou líder)?
→ Você se lembrou de alguma situação profissional específica ao ler essa história? Quais foram suas conclusões?

A profundidade da escuta e a Teoria U

Certo dia, estava em uma ligação com três amigos conversando sobre soluções criativas para integrar pessoas e negócios na pandemia. Tive a ideia de gerar alguma forma de escambo para que as pessoas pudessem se sustentar na pandemia e ainda assim trocar experiências e negócios, e compartilhei com eles.

Fizemos um brainstorming. Na minha vez, falei de forma entusiasmada e todos escutaram até que eu concluísse os argumentos. Logo depois, um dos amigos complementou meus argumentos e o outro trouxe contextualização histórica para contribuir. Cada um esperou seu momento de falar e, na sua vez, fez os próprios adendos.

A ideia evoluiu, pois o grupo construiu em cima dela. Senti que usávamos, naturalmente, a dinâmica do *"yes, and..."*, que é muito utilizada em processos de brainstorming e inovação para capturar todas as ideias de um time, sem exceção. Por meio desse mecanismo, originado nos Estados Unidos, a pessoa escuta a ideia apresentada e faz uma contribuição na sequência ("sim, e..."). Por exemplo: "Sim, vamos fazer isso e, para dar um toque especial, podemos..."; "Sim, essa ideia é ótima, o time vai adorar trabalhar nisso, e podemos começar por esse novo projeto"; "Sim, vamos almoçar nesse restaurante e depois podemos comer uma sobremesa no café ao lado".

Quando um dos participantes explicou como achava que poderíamos fazer a ideia dar certo, meu primeiro pensamento foi: "Uou, isso é muito diferente! Será que funcionaria?". O segundo pensamento foi: "Tá, mas vamos explorar esse ponto um pouco mais para entender se funcionaria". E o terceiro foi a reflexão de que eu deveria escutar com a cabeça e o coração.

Nem sempre fazemos isso, pois requer estarmos presentes no momento e engajados com a ideia, o time e as pessoas. Assim, a conversa flui, e cocriamos juntos.

Tempos desafiadores requerem mudanças, e o que permeou a discussão foi o que as organizações do futuro precisam desenvolver para sobreviver. As respostas? Saber transitar na complexidade, ter ferramentas de percepção rápida dos cenários e afiar a capacidade de resposta e inovação. E a pergunta que não quer calar:

Como encontrar soluções completamente novas e criativas para os cenários do futuro?

Vinha estudando e praticando a escuta empática em diferentes níveis para compreender melhor as pessoas e seus argumentos, além de diferentes personalidades, principalmente como líder, para apoiar o time e extrair o melhor dele em tempos desafiadores como o que vivíamos.

Tenho o costume de fazer experimentos para entender como lidar melhor com cada pessoa e como as relações no ambiente de trabalho têm evoluído, especialmente com o trabalho remoto em alta, quando não estamos *f2f* (*face to face*)[2] para olhar no olho, observar linguagem corporal ou chamar para um café. Os tempos mudaram, e o meu foco passou a ser na voz para compreender os detalhes não ditos e captar os sentimentos das pessoas.

Lembrei da Teoria U, que trata do poder da escuta, e compreendi muita coisa do que acontecera na conversa com meus

---

[2] "Cara a cara", em tradução livre. (N. E.)

amigos! Tínhamos praticado a Teoria U sem perceber, de modo profundo, escutando e construindo em cima das ideias uns dos outros.

Aprendi sobre os níveis de escuta e o poder da empatia e dos diálogos generativos vistos a partir da teoria. Quando evoluímos nossa forma de escutar, criamos uma reação em cadeia no modo como compreendemos, digerimos, analisamos e verbalizamos o que pensamos. A partir desse momento de iluminação e imersão total no presente, não existe espaço para aquela voz mental que traz valores e julgamentos baseados em experiências anteriores que acabam se tornando distrações. O ego e o julgamento saem de cena, e os pensamentos fluem naturalmente.

Podemos aliar a **Teoria U** à forma como pensamos e nos comunicamos. Às vezes julgamos consciente e inconscientemente ao ouvir, e isso nos impede de escutar de verdade, pois já estamos formulando uma resposta ou argumento para defender nossos pontos de vista. A seguir, os níveis dessa teoria e exemplos de resposta de uma pessoa que participa de uma conversa.

Teoria U

Nível 1 — Habitual. Downloading/hábitos de julgamento: ratificar velhas opiniões e julgamentos.

Exemplos:

Acho essa ideia boa, MAS precisamos ser mais pragmáticos.

Se o parâmetro principal for criatividade, vai ser difícil julgar os finalistas. Precisamos de critérios mais bem-estruturados.

Isso vai levar muito tempo. Podemos usar o mesmo modelo do projeto anterior.

Essa ideia nunca vai dar certo.

Nível 2 — De fora, mente aberta. Escuta factual notando diferenças: fazer afirmação contrária aos (novos) dados.

Exemplos:

Hum, vai dar muito trabalho, MAS pode ser que funcione.

Vou dar uma chance e escutá-lo.

Concordo com esse posicionamento, contudo, fazer isso com o tempo que temos, será complicado. Talvez possamos fazer desta outra forma.

Se ele apresentar bons argumentos, vou votar "sim" para seguirmos discutindo.

Nível 3 — De dentro, coração aberto. Escuta empática: ver através dos olhos da outra pessoa e criar conexão emocional.

Exemplos:

Os fatos que ele trouxe são interessantes. Estou de acordo.

Nossa, consigo ver os benefícios disso. Por favor, fale mais sobre.

Ele pesquisou bastante antes de trazer esses dados e dispensou tempo nisso. Pela empolgação da voz, deve ser importante para ele.

Deixe-me ver se entendi: com base nos dados que você mostrou, trazendo esse curso de capacitação vamos aumentar a eficiência da produção em 15%?

Nível 4 — Da fonte, vontade aberta. Escuta generativa do futuro querendo emergir: buscar conexão com um futuro emergente e promover mudança na identidade e no self.

Exemplos:

A sociedade pode usufruir dessa nova perspectiva. Com algumas adições, dá para traduzir esse valor nisso, clareando o conceito.

Essa argumentação muda tudo o que já temos feito na empresa e pode ser um novo nicho de mercado.

Como posso contribuir com essa mudança?

Apesar de não ter sido exposto da melhor maneira possível, algo os incomodou para trazerem esse novo projeto. Vou perguntar qual é o objetivo deles a fim de entender o potencial dessa ideia.

Sim, a crise nos leva a outro nível de criatividade porque, sem ela, talvez eu não tivesse questionado como poderia escutar/avaliar melhor a necessidade das pessoas, os temas que requerem mais atenção da minha parte e as decisões que preciso tomar em um cenário onde tudo muda todos os dias. Ainda estou aprendendo sobre os conceitos da Teoria U, tentando assimilar seus níveis, e pode ser que, daqui um tempo, meus exemplos evoluam. E tudo bem: é isso que nos faz crescer.

Depois de tantos anos trabalhando com inovação e tentando implementar ideias inovadoras voltadas a um público com mindset conservador, rolou uma epifania interessante: querer que pessoas e empresas inovem em um momento em que estão preocupadas com tantas outras coisas é desafiador, mas há luz no fim do túnel, e essa luz é a escuta ativa e profunda.

Precisamos criar meios e perspectivas para auxiliar as pessoas a removerem o ego e o julgamento da escuta e da comunicação. É necessário criar ambientes e oportunidades nas quais se sintam mais abertas para escutar melhor e com mais qualidade, e dessa forma haver uma comunicação real, livre e criativa. A partir daí, a criatividade e a inovação vão acontecer, resultando em cocriações e em colaboração verdadeira e transparente.

Pois bem, a história não termina aqui. Lembra a ideia que meus amigos e eu discutimos sobre um potencial app de escambos? Depois da nossa conversa, fui pesquisar se existia algo no mercado e descobri que outra pessoa tinha pensado o mesmo e já tinha colocado o plano em prática. Ela criou um aplicativo de escambo (trocas de forma gratuita) para melhorar a vida das pessoas durante a pandemia. É como Elizabeth Gilbert cita em seu livro *A grande magia*: as ideias estão no inconsciente coletivo da sociedade para que todos as acessem. Elas têm vida e vontade própria.

Às vezes, uma ideia começa de um jeito, mas pode evoluir de formas inesperadas e transformadoras. Ao entrar em contato com a CEO do app, descobri de forma mais profunda a importância de uma colaboração autêntica e genuína. Através dessa troca mútua, pude contribuir ativamente enquanto também recebia valiosas perspectivas e insights. No entanto, o verdadeiro aprendizado veio ao aprofundar minha compreensão da Teoria U e começar a aplicá-la em meu dia a dia. Aprendi a ouvir de forma mais profunda, a questionar suposições e a abraçar a incerteza como uma oportunidade de crescimento. Essa jornada me ensinou que uma ideia inicial pode se transformar e se expandir de maneiras surpreendentes quando estamos abertos a experiências e colaborações autênticas.

Você está preparado para as oportunidades que aparecem em sua vida?

Você já perguntou para uma pessoa que admira muito como ela alcançou suas conquistas?

Ou do que ela abdicou para isso?

Ou o quanto teve que investir em tempo, esforço e recursos financeiros para chegar onde está ou ter as oportunidades que teve?

Escuto muita gente dizendo:

"Nossa, como aquela pessoa conseguiu aquela vaga?"

"Tudo parece tão fácil para fulano!"

"Ele tem muita sorte, sempre consegue o que quer."

Poucas pessoas conseguem perceber o esforço por trás das conquistas porque só focam no resultado final, ou seja, desconsideram a jornada percorrida até o sucesso. É a famosa frase: "As pessoas só veem que cheguei lá, mas não sabem os tombos que levei no meio do caminho".

Pois bem, quero contar algumas histórias sobre viagens nas quais aprendi sobre estar aberta, sobre perrengues e os aprendizados que eles nos trazem. A primeira vez que fiz um mochilão sozinha foi em 2004, tinha dezenove anos. Fui para a Colômbia, o Equador e a Venezuela. Juntei dinheiro fazendo bicos e redigindo trabalhos de faculdade para os outros, e foi assim que consegui comprar algumas passagens com milhas de pessoas que anunciavam na internet.

Estava em Baños, pequena cidade do Equador, e decidi fazer um passeio turístico de caminhão, as famosas *chivas*. Em alguns países da América Latina, as *chivas* são usadas para transportar pessoas e animais. Neste caso, eram utilizadas em passeios noturnos dentro de um vulcão.

O trajeto foi regado por músicas estilo reggaeton e pessoas felizes que dançavam enquanto olhavam para as estrelas. Como o caminhão não tinha teto, víamos o céu sem poluição e repleto de constelações. Uma equatoriana começou a puxar papo comigo e desatamos a falar. Quando vimos, estávamos embaladas em uma conversa profunda sobre nossas vidas.

Ela disse que morava em Guayaquil e me convidou para ficar na sua casa quando eu passasse por lá. Iria para essa cidade em breve e, a princípio, fiquei apreensiva — não a conhecia e achei o convite estranho. Analisei todos os prós e contras, e a pior coisa que poderia acontecer comigo caso aceitasse. Será que algo poderia dar errado se o clima da conversa era tão bacana? O passeio acabou, trocamos e-mails e ficamos de conversar dali a alguns dias.

Então, acabei enviando um e-mail para ela contando que em pouco tempo estaria em Guayaquil e novamente fui convidada para ficar em sua casa. Saí da zona de conforto e aceitei o convite.

Ela me pegou no aeroporto, me levou aos melhores lugares da cidade, me fez experimentar comidas típicas e nos divertimos muito. E o que tiro dessa lição? Que, se eu não estivesse aberta, não teria identificado e aproveitado a oportunidade. Ou seja, nada disso teria acontecido.

Situações parecidas aconteceram em outras viagens. Quando mochilei pelo Nepal, queria uma opção econômica para fazer um trekking no monte Everest, mas os pacotes das agências de turismo custavam muitos dólares. Conheci um nepalês em um ônibus, enquanto viajava entre cidades perto da capital, e ele me contou que nunca tinha ido até lá, mas que poderia me acompanhar. Complementou dizendo que eu pagaria quanto pudesse.

Passamos o dia juntos para nos conhecer, e ele me levou a lugares incríveis que eu nunca teria conhecido se estivesse sozinha. Por exemplo, escolas de artes e pintura *thangka*, a técnica tibetana de pintura de mandala, e restaurantes locais baratos com comida típica.

Ficamos amigos e fizemos o trekking juntos. Histórias parecidas se tornaram comuns em minhas viagens. Conhecia pessoas em ônibus, em tours gratuitos, e fui salva algumas vezes em situações desafiadoras.

Então, qual é a conexão entre oportunidade e resultados diferenciados?

Se estamos atentos a oportunidades, convites ou situações inusitadas que se apresentam a nós e dispostos a enfrentar medos, preconceitos ou qualquer que seja a barreira mental que nos colocamos, podemos nos deparar com algo inédito e surpreendente.

Para agarrar a oportunidade, é necessário identificá-la e fazer um esforço para sair da zona de conforto falando um "oi", começando uma conversa, escutando o que o outro tem para contar e ensinar. É necessário dar o primeiro passo.

É natural para mim sair da zona de conforto e conversar com estranhos, por exemplo? Não é, mas fui fazendo isso aos poucos e usando a tentativa de erro e acerto, além de analisar quem abordar, como falar, o que perguntar e responder.

Todas as vezes que conversava com um estranho eu fazia amizade? Nem sempre, e talvez tenham tido mais falhas que acertos, mas quando o resultado era bom valia cada esforço e tentativa frustrada.

Podemos ver as situações que a vida apresenta como desafios ou oportunidades. Podemos escolher reclamar, nos colocar em posição de vítima ou aprender algo novo. Quando você troca "por que isso está acontecendo comigo?" por "o que isso está tentando me ensinar?", tudo muda.

E como essa habilidade que exemplifiquei por meio da minha vida pessoal se traduz no mundo profissional ou corporativo?

É o famoso networking.

Fazer networking é conhecer pessoas no ambiente de trabalho, compartilhar ideias, situações e aprendizados. É contar uma história, construir uma relação usando o que temos de melhor: nossa humanidade. E, assim como na vida pessoal, essa habilidade no trabalho pode render novas parcerias, projetos e resultados.

Vou exemplificar esse conceito no âmbito profissional e como ele se traduz para o mundo corporativo. Alguns anos atrás, conheci Luis, um supervisor de outra área, enquanto trabalhávamos em um comitê de inovação. Tínhamos ideias inovadoras, éramos *hands on*, ou seja, colocávamos a mão na massa, e sempre pensávamos em como trazer novas perspectivas para a mesa. Depois de alguns projetos juntos, quando mudei de departamento, acabamos não tendo mais tanto contato.

Em 2020, o destino nos uniu novamente, voltamos a conversar sobre temas pessoais e profissionais, e ele me convidou para trabalhar em uma iniciativa sobre pertencimento, inclusão e diversidade. Saímos para almoçar e deixamos a porta aberta para o novo. Trocamos ideias e, como resultado da conversa profunda, novas perspectivas surgiram e agregaram valor.

O projeto se chamava Belong: The Power of People [Pertencer: o poder das pessoas]. Era composto de um *leadership lab* de oito semanas que ensinava, desmistificava e promovia discussões sobre inclusão e diversidade com líderes que se inscreveram para aprender sobre essa temática.

Luis tem o dom de ver o melhor das pessoas e despertar habilidades que se encontram latentes. Possui muita energia, e essa empolgação contagia todos ao redor. O entusiasmo que trazemos para nossa vida pessoal e profissional é o que torna a jornada mais criativa, curiosa e prazerosa.

Consegue perceber como nossas habilidades pessoais podem ser aplicadas na vida profissional?

Quanto mais transitamos entre esses dois mundos, mais nos desenvolvemos e nos tornamos seres humanos integrais, olhando para as esferas da vida com uma visão macro e colocando em prática nossas habilidades. E, se eu não tivesse voltado a falar com ele nem ido àquele almoço, não teria participado desse lindo projeto e talvez não teria tido tantas outras oportunidades que posteriormente ele me trouxe.

Um brinde a estar aberto às oportunidades!

A cultura da falta e seu impacto nos ambientes profissionais

Eu tinha sete anos, estava sentada em um balanço e conversava com amigas no parquinho. Não lembro bem o que falei, mas Letícia não gostou e me deu um beliscão daqueles, que ardeu até a alma. Fiquei tão sem reação que não falei nada, tampouco consegui me mover.

A dor do beliscão cortou como uma lâmina, paralisando-me naquele momento. As palavras pareciam ter sido engolidas pelo nó que se formou em minha garganta. Os olhos marejados buscavam entender o motivo daquela agressão repentina. Sentia o peso da injustiça e a impotência diante daquela situação. Um misto de tristeza e confusão tomou conta de mim enquanto eu tentava encontrar coragem para reagir e encontrar as palavras certas para expressar o que estava sentindo.

Muitas vezes, durante a vida, a gente se sente assim, paralisado. Então crescemos e achamos que determinadas coisas vão sumir ou parar de nos afetar, mas isso não acontece porque nada na vida simplesmente desaparece. Às vezes, conseguimos colocar o que incomoda debaixo do tapete, porém uma hora a conta chega — ela sempre chega. Esses incômodos somem apenas quando resolvemos encará-los e trazer consciência do porquê acontecem e qual será nossa nova atitude diante deles.

Eu tive um chefe que me deixava paralisada porque tinha tendência a focar na falta das coisas. Eu tomava todo o cuidado para informar algo para ele ou escrever um e-mail de forma assertiva, mas a falta de uma informação, de uma terminologia específica, sempre resultava em reclamação camuflada de pergunta ou comentário. Nada era suficiente. Parecia que ele buscava a perfeição, pois sempre faltava algo. Eu tinha exatamente a mesma sensação de quando Letícia me beliscou. Só que na relação com esse chefe ela era constante.

Fui pesquisar por que tantas pessoas agem dessa forma crítica e descobri que nosso cérebro atua, na maioria das vezes, em modo de sobrevivência: o normal é criticar, e não elogiar. Ou o normal, explicado pelo viés negativo, é de que a tendência universal das emoções negativas nos afetam mais profundamente do que as positivas. Prestamos mais atenção às ameaças e exageramos os perigos, de acordo com Roy Baumeister, psicólogo social da Universidade de Queensland, na Austrália, e coautor do livro *The Power of Bad: And How to Overcome It*.

Embora focar no lado mais sombrio do mundo que nos rodeia possa parecer uma perspectiva deprimente, isso ajudou os seres humanos a superarem tudo, de desastres naturais a pragas e guerras, deixando-os mais bem preparados para lidar com esses eventos (embora haja evidências de que o otimismo também possa ajudar a nos proteger de situações extremas).

O cérebro humano evoluiu para proteger nossos corpos e nos manter vivos — e possui três sistemas de alerta para lidar com novos perigos. Há o antigo sistema de gânglios basais, que controla nossa resposta de luta ou fuga; o sistema límbico, que desencadeia emoções em resposta a ameaças para nos ajudar a entender os perigos; e o córtex pré-frontal mais moderno, que nos permite pensar logicamente diante de ameaças. "Nossos ancestrais que tinham esse viés [negativo] eram mais propensos a sobreviver", diz Baumeister.[3]

A partir desse momento, comecei a perceber que muitos ambientes profissionais têm esse mesmo modus operandi: a cultura da falta, da crítica, do nunca estar ou ser bom o suficiente. Notei que o negativismo flutuava no ar, não só por causa de meu chefe, mas porque havia outras pessoas que ele havia trazido para a equipe e eram assim também. Segundo um levantamento da Ordem Oficial de Psicólogos, pessoas tóxicas às vezes são distribuídas em diferentes departamentos e o estresse acaba sendo contagiante. Ainda de acordo com a pesquisa, essas pessoas andam juntas e formam "unidades de trabalho tóxicas". "Na verdade, a primeira razão para deixar um emprego é a falta de relacionamento interpessoal, mais do

---

[3] GRIFFITHS, Sarah. "Viés de negatividade: por que os efeitos das críticas duram muito mais do que os dos elogios". Disponível em: <https://www.bbc.com/portuguese/vert-fut-62037524>. Acesso em: 12 jan. 2023.

que o salário", explica José Maria Peiró, professor de psicologia do trabalho e recursos humanos.[4]

John sempre tinha um comentário negativo em relação a uma reunião, a uma pessoa ou a projetos, em que trabalhávamos no time. Um dia, ele me mandou por chat: "Que e-mail comprido". Como já sabia do seu modus operandi, entendi o feedback sutil como demonstração de que não gostava de e-mails longos. Ele respondeu o e-mail, mas deixou de responder algumas das perguntas no texto que eram bastante importantes e para as quais eu precisava de resposta para dar sequência em um projeto, e isso só comprovou minha percepção de que ele se irritava com algumas coisas e também ficava paralisado, em vez de dizer o que queria; ele não sabia como me dizer e eu não sabia como perguntar.

Passei a observar:
O que era importante para ele?
Quais detalhes queria saber?
Qual era o padrão por trás das perguntas?

Como no exemplo do beliscão, para mim era "confortável" não falar nada sobre as trocas profundas e genuínas entre nós, que eu esperava que acontecessem e não aconteciam, pois não teria que me impor e discutir — já que a réplica com certeza viria. Porém, com o passar do tempo, percebi que não falar nada sobre essas situações de falta nem me impor em relação a elas resultava em ainda mais sofrimento, porque eu estava guardando dentro de mim uma série de sentimentos e emoções que não eram meus. Ao observar as pessoas no ambiente de trabalho, notei que essa reação era comum. Alguns ficavam calados em sua relação com John por preguiça existencial, ao passo que outros falavam mais do que deveriam, e isso sempre resultava em conflitos.

---

[4] NADAL, M. Victoria S. "Ambiente ruim de trabalho é contagioso". Disponível em: <https://brasil.elpais.com/brasil/2018/08/14/actualidad/1534258933_908157.html>. Acesso em: 12 jan. 2023.

A partir disso, em qualquer reunião 1:1 com ele eu levava pelo menos trinta minutos me preparando. Escrevia cada argumento e pensava em todas as alternativas possíveis. Dessa forma, comecei a me sentir mais preparada (e estratégica) para enfrentar aquele chefe que não estava acostumado a fazer as coisas de uma forma diferente do seu jeito.

Além disso, percebi que, se eu não trouxesse o assunto principal logo de cara, John perdia o interesse no que eu falava e minha reação era a paralisia. Ou seja, se eu me desconcentrasse, toda a preparação iria por água abaixo.

Notei, através de tentativa e erro, que se usasse o mesmo tom de voz durante a conversa, em algum momento ele também perdia a atenção. Tinha que alterná-lo para que continuasse atento. Toda reunião requeria muito esforço, e eu tinha que tomar cuidado para não cair no mindset fixo e inconscientemente pensar "por que é tão difícil me comunicar com ele?", "será que estou pensando em todas as possibilidades?", "por que nunca sou boa o suficiente?". Pois é, pensamentos de uma *people pleaser*, sempre querendo agradar as pessoas. Também me esforcei bastante para deixar de achar que o problema era eu e passar a trazer soluções mesmo quando elas pareciam não existir.

O que eu fiz então?

Precisei mudar minha atitude para gerar consciência em mim e, a partir daí, comecei a gerar consciência nele. A primeira ação foi observá-lo. Ele sempre fazia perguntas ou comentários que denotavam falta, tanto por e-mail como em reuniões. Comecei a observar esse padrão e passei a anotar tudo o que percebia.

Pouco a pouco, fui desvendando seus padrões de comportamento e como ele alternava ora entre extremamente analítico, ora dominante (segundo o perfil DISC). Às vezes, meu chefe queria controlar tudo, procurava saber as coisas nos mínimos detalhes; outras, dizia que não queria saber nada, provavelmente porque, se soubesse, iria interferir.

Nas nossas reuniões 1:1, também notei que, se eu não explicasse da maneira que ele tinha por correta e assertiva, os resultados do encontro não eram tão bons. Quando eu me preparava antes, elaborava os *headlines* de cada tópico de forma direta, ressaltando a situação, o problema e há quanto tempo ocorria, e quais eram as alternativas que eu tinha pensado como solução, a reunião fluía de vento em popa e, no fim, ele falava: "Que boa essa reunião". Era sua forma de dizer que aproveitamos bem o tempo. Aprendi que gerentes de alto escalão têm essa característica: querem que seu tempo seja aproveitado da melhor forma possível.

Ele não fazia a mínima ideia do que causava nas pessoas ao redor. Uma líder que também trabalhava com ele teve crise de pânico, outra, ataques de ansiedade. Às vezes, por exemplo, John não autorizava o aumento salarial de alguém por motivos pessoais. Ou se uma líder mencionasse alguma ação de um membro do time e ele não concordasse com a atitude, desconsiderava essa colaboradora para atividades ou projetos futuros. Ninguém do time sonhava que ele era assim, pois John emitia suas opiniões abertamente apenas entre as altas lideranças.

Minha mentora da época me disse para fazer um exercício. Mesmo que meu chefe fosse uma pessoa extremamente difícil, eu deveria me esforçar para ver algo bom nele e elogiá-lo por isso. Gostava de John, afinal, ele havia me dado uma grande chance na carreira e eu era grata por isso; mas como era difícil, exaustivo e até doloroso trabalhar com ele.

Segui o conselho dela e, com muito esforço, passei a ver seu lado bom. Fui decodificando o modus operandi de John e, consequentemente, aperfeiçoando-me nessa arte que é decifrar pessoas.

Com certeza não compreendi meu chefe por completo, mas nossas interações se tornaram mais leves e às vezes até prazerosas.

O que aprendi com ele?

Que, quando vibramos na frequência da coragem e da mentalidade de crescimento, evoluímos muito. Com um ensinamento ou degrau por dia, temos avanços consideráveis na jornada. Foi um treino diário para adaptar minha comunicação com John a um modelo preexistente, até virar um hábito.

Também notei que tinha preconceitos em relação a ele, pois inconscientemente o avaliava como questionador e acreditava que ele fazia isso para irritar as pessoas. Assim que me permiti relaxar, observei que não era comigo, ele era assim.

É interessante como algumas pessoas despertam o melhor em nós, porque sabem como fazer isso de maneira sutil e leve, e outras, nossos piores receios.

Moral da história?

Aprendi a me relacionar com personalidades completamente diferentes da minha e me tornei uma líder melhor, assim como evoluí minha estratégia de comunicação de modo considerável, ainda que tenha sido por meio de um processo doloroso.

O melhor de tudo isso?

Curei minha criança interior que ficava chateada com o beliscão e não se defendia para não ofender o outro — mesmo que as pessoas em questão fossem desagradáveis. No entanto, aprendi a fazer isso de forma elegante e sutil, por meio do gerenciamento interno das minhas emoções.

O poder transformador de acreditar no potencial das pessoas

Um grande líder, assim como uma líder que cura, vê nas pessoas não apenas o que são HOJE, mas tudo aquilo que podem se tornar.

No meu primeiro cargo como supervisora de tecnologia, deparei-me com um rapaz que estava há muito tempo no time que entrei, chamado Luís. Ele era muito inteligente, tinha bastante conhecimento, era um dos analistas com mais conhecimento do negócio, mas estava bem apagado. Tinha cara de cansado, andava meio curvado, parecia estar sobrevivendo.

Líderes anteriores comentaram comigo sobre ele ser um dos melhores funcionários na organização em termos de conhecimento técnico, mas Luís não conseguia transparecer isso nas entregas e nos projetos que desenvolvia. Nas reuniões, gaguejava e tinha dificuldade em sintetizar opiniões e argumentos, então dificilmente era sucinto. Mas, quando se planejava com antecedência e preparava uma apresentação com slides, sua performance era muito boa.

Luís sempre treinava os novos colaboradores da organização, tinha uma paciência gigante para ensinar e tirava de letra toda a parte técnica, porém não conseguia mostrar todo o seu conhecimento na prática. Comecei a explorar como ele trabalhava em nossas reuniões 1:1 e percebi que às vezes, colaborando com o time, ele era bastante resistente e demonstrava um mindset fixo muito grande.

Começamos a fazer uma transformação ágil no time usando o *scrum* como método de organizar o trabalho. Nas primeiras reuniões da equipe com o novo *agile coach*, percebi que ele não gostou de uma das práticas ágeis que passamos a utilizar — deixar o trabalho visível para toda a organização. Era como se tivesse medo ou receio de mudanças. Gostava de ficar na zona de conforto.

Então perguntei para ele:

→ Sinto você receoso com as práticas ágeis. O que o preocupa com essa nova forma de trabalhar?
→ Como essa nova metodologia de trabalho vai impactar o que você faz hoje?

Pouco a pouco, fui desconstruindo os receios dele e descobri que sua principal crença limitante era que trabalhar com agilidade iria ofuscá-lo ainda mais, pois ele era colaborativo, gostava de ensinar a todos da equipe.

Certa vez, Luís teve um conflito com outro colaborador. Olhando de forma superficial, ele parecia o culpado. No entanto, como gosto sempre de ouvir todos os lados de uma mesma história para compreender o todo, percebi que nessa situação a culpa não fora dele e que a outra parte tinha habilidades de comunicação muito boas e articulava bem, o que fez Luís parecer o causador do problema.

Depois de alguns meses trabalhando juntos, em uma das nossas conversas 1:1, questionei Luís sobre como ele aprendia, ou seja, se era uma pessoa visual, sinestésica ou auditiva. Ele então parou, respirou fundo e comentou que tinha dislexia[5] e essa condição o atrapalhava no trabalho.

Ao indagar por que ele demorou para me contar a respeito, respondeu que no passado outros líderes criaram um viés inconsciente negativo em relação a ele e ao seu modo de trabalhar, inclusive ele era mal avaliado nos ciclos de performance quando líderes ficavam sabendo, então quase nunca tocava no assunto. A dislexia era vista como um empecilho pelas pessoas. No entanto, Luís não percebia que esconder sua condição estava impedindo-o de crescer e se desenvolver.

Esse desabafo me cortou o coração, pois a dislexia é um distúrbio genético que dificulta o aprendizado e a realização da leitura e da escrita. O cérebro da pessoa com dislexia, por razões ainda não muito bem esclarecidas, tem dificuldade para encadear letras e formar palavras, e não relaciona direito os sons às sílabas formadas. Como sintoma, o indivíduo começa a trocar a ordem de certas letras ao ler e escrever. Luís comentou que sofreu muito bullying na escola e que ainda sofria no trabalho porque as pessoas achavam ele que era burro. Mas a dislexia nada tem a ver com baixo QI.

Luís contou que havia feito mestrado e se tornado professor justamente porque estudar técnicas de ensino e aprendizado o ajudou a superar as próprias carências com a dislexia. Então concluí que justamente por isso ele era uma pessoa mais paciente com os outros, e por isso as pessoas gostavam de aprender com ele.

A partir desse relato, tracei um plano com Luís que envolvia eu lhe fazer perguntas rápidas cuja resposta ele precisaria apresentar de forma sucinta primeiro em três minutos, depois em dois e, por fim, em um minuto. O objetivo era treinar o cérebro dele para ajudá-lo a ter um posicionamento mais ágil e direto

---

[5] Segundo a definição proposta pelo instituto ABCD, a dislexia é um transtorno do neurodesenvolvimento que afeta habilidades básicas de leitura e linguagem. É considerada um transtorno específico de aprendizagem porque seus sintomas geralmente afetam o desempenho acadêmico de estudantes, sem que haja outra alteração (neurológica, sensorial ou motora) que justifique as dificuldades observadas.

nas reuniões. À medida que avançávamos no treinamento e nesse plano de alguns meses, ele foi ficando cada vez melhor e mais rápido.

Sua autoconfiança aumentou nas reuniões, e Luís começou a se destacar em tudo o que fazia. Então passei a lhe designar projetos de diferentes tipos, sempre olhando para seu potencial. No entanto, ao perguntar para outros supervisores o que achavam do desempenho dele no momento (até pensando em uma futura promoção), todos ainda diziam que Luís não se comunicava bem.

Como expliquei, primeiramente trabalhamos a imagem dele perante si mesmo e diante da nossa equipe, mas ainda era necessário trabalhar a percepção das outras pessoas, inclusive os líderes de outros times.

Segui acreditando no potencial dele, e nosso treinamento durou meses. Eu explicava que eu acreditava nele e no seu trabalho, que estaria ali segurando sua mão e executando nosso plano e que, se ele fizesse sua parte, eu faria a minha, que era arquitetar a transferência dele para uma área de que ele gostasse. Luís adorava cybersegurança, então pedi que trouxesse ideias e me apresentasse um projeto que ele acreditava ter potencial.

Ele buscou tudo o que existia no mercado e trouxe propostas de projetos que poderíamos implementar nos sistemas internos da empresa. Foi cirúrgico e apresentou propostas realmente inovadoras. Ele chegou a apresentar suas ideias até para nosso *big manager* (que também tinha ressalvas em relação a ele), para o qual contei toda essa história e pedi que desse uma chance a Luís, que estava se esforçando e era um excelente colaborador. Foi um sucesso e a iniciativa proposta foi aprovada.

A mensagem principal desse caso é sempre acreditar em nós mesmos e, se tivermos uma liderança que também acredita em nosso potencial, se dispõe a nos ouvir, a fazer as perguntas certas e a nos dar oportunidades, vamos além.

Já fui muito estigmatizada por causa do meu TDAH, e isso atrasou minha evolução profissional, mas felizmente contei com líderes que acreditaram em mim e tiveram paciência para me entender e mentorar. Se estou aqui hoje contando essa história é porque alguém acreditou em mim e regou minha semente em potencial.

Então, pergunto: como você tem regado suas sementes potenciais?

Como cuida delas?

O que diz para elas?

Dá oportunidades para que tenham um lugar ao sol?

Para curar pessoas, dialogue e as ouça com o coração. Todo mundo pode ser flor ou planta, apenas não como você imagina, com a cor ou o tamanho "esperado". Dê espaço para que pessoas possam florescer, cada uma a sua maneira.

O fim de um ciclo

Depois de dois anos e três meses como supervisora, John me promoveu a gerente. Apesar de termos combinado que eu ficaria dois anos como supervisora, como estávamos no meio da pandemia e tudo estava muito incerto, não achei que ele fosse cumprir a promessa, mas cumpriu. Certo dia, ele brincou que eu já o tinha aguentado o bastante.

A mudança foi ótima: fui para o departamento de compras dentro do setor de TI, no qual meus times davam suporte a sistemas de compras do mundo todo, no total, mais de 25 deles, incluindo o SAP. Eram duas equipes grandes que somavam 32 pessoas, e estávamos sempre contratando.

Minha nova gerente, estadunidense assim como John, era bastante humana. Sabia das habilidades de quase todas as pessoas do departamento, ouvia genuinamente, fazia fóruns em que os colaboradores se sentiam confortáveis em compartilhar opiniões (pelo menos, boa parte deles) e o gerente acima dela também parecia um líder bem humanizado. E falo "parecer", pois nunca temos certeza de cara, vamos descobrindo depois de interações mais profundas com a pessoa e após alguns meses de convivência, assim como vamos observando atitudes e comportamentos pelo modus operandi de suas decisões.

Minhas equipes eram compostas de colaboradores altamente capacitados. Trabalhei em planos de carreira para cada pessoa e tive bastante contato com minha gerente administrativa, que era brasileira e respondia pelos colaboradores e colaboradoras do Brasil. Essa era ainda mais humana, sabia das qualidades e dos pontos a melhorar de todos, lutava pelos indivíduos e sempre que havia uma oportunidade de promover alguém, mesmo que isso resultasse no desfalque do departamento, conversávamos e reorganizávamos o time, mas não deixávamos de promover ninguém porque não havia alguém para colocar no lugar.

Gostava das pessoas e das amizades que construí em treze anos de empresa. Sou grata por tudo que aprendi, pelos treinamentos que tive e desenvolvi, pelas oportunidades de implementar projetos realmente inovadoras e *mindblowing*, pelos líderes inspiradores que me iluminaram como ser humano e também por aqueles que não foram tão incríveis assim. Trabalhar em uma multinacional ensina muito sobre negócios em geral, e desenvolvemos uma visão macroeconômica que nos possibilitou atuar em diversas áreas — essas são oportunidades de ouro que vemos em poucas empresas no Brasil.

O trabalho era leve, o time tinha pessoas maravilhosas e comprometidas, havia duas gerentes incríveis e humanizadas, uma no Brasil e outra nos Estados Unidos. Mas um pensamento começou a me rondar a partir de conversas que tive com várias empresas e start-ups: como as organizações da Nova Era deveriam fazer a aceleração de carreira das pessoas e líderes? E quanto à recompensa financeira?

Dependendo da empresa e do sistema de meritocracia adotado, certos departamentos ou linhas de trabalho são considerados mais importantes do que outros, o que pode resultar em disparidades salariais entre posições que focam no desenvolvimento de pessoas. Eu me perguntava se esse era um princípio da Nova Era e se essa abordagem promovia uma economia verdadeiramente ganha-ganha. Queria trazer novas ideias sobre isso para as empresas e culturas empresariais.

Antes de tomar qualquer decisão, eu precisava descansar, então marquei minhas férias e decidi viajar para uma aldeia indígena no meio da Amazônia, no Acre, e estudar com a liderança Yawanawa, a pajé Waxy, uma das primeiras mulheres pajés do Brasil. Waxy criou o Instituto Mawa Yuxyn, um centro de cura espiritual localizado às margens do rio Gregório que abriga a todos que querem mergulhar na essência da floresta e aprender sobre a cura que os povos originários têm a nos brindar.

Os Yawanawa (yawa/queixada; nawa/gente) são um grupo pertencente à família linguística pano que atualmente ocupa a terra indígena do rio Gregório. A comunidade Yawanawa é, na realidade, um conjunto que inclui membros de outros grupos: Shawãdawa (Arara), Iskunawa (atualmente conhecidos como Shanênawa, moram em uma aldeia próxima à cidade de Feijó), Rununawa, Sainawa (conhecidos geralmente como Yaminawá e que moram na região do Bagé) e Katukina.

A aventura começou na própria viagem. Um voo de Curitiba a Rio Branco com algumas escalas, depois muitas horas de carro até Tarauacá e mais oito horas em um barquinho a motor pelo rio Gregório. Em alguns momentos, o rio estava tão raso que tivemos que sair do barco para empurrar.

Ao chegar em Mawa Yuxyn, fiquei de queixo caído com toda a estrutura que Waxy tinha montado, literalmente no meio do nada. Para o povo nawá (como chamam os visitantes) havia uma oca gigante, ou seja, uma estrutura de madeira com teto, paredes que a sustentam, mas ainda assim com espaços abertos por onde entra o vento. Para a família de Waxy, filhos, filhas e parentes, casas de madeira simples com camas, televisões e alguns poucos confortos. Não existe energia na floresta, então tudo funciona com gerador e há luz apenas algumas horas do dia para economizar esse bem precioso.

Começamos os trabalhos ainda nos primeiros dias, com comidas simples, preparadas à moda indígena. Depois entramos em dieta de pajé para limpar o corpo e aprimorar os estudos espirituais: sem água, sal, açúcar e carne. Na verdade, nossa alimentação era praticamente banana verde, tapioca e água de mandioca. Também não podíamos tomar banho ou usar qualquer produto químico.

São muitas histórias e vivências as quais quem sabe um dia contarei em outro livro. Mas o resumo da história? Lá, tive muito tempo para pensar na qualidade de vida que queria ter e onde gostaria de colocar meus esforços, intelectualidade e vontade de transformar o mundo.

Voltei decidida a pedir as contas e a focar no Human Skills Manifesto, um movimento em prol do desenvolvimento das habilidades humanas e por mais ambientes de trabalho inclusivos e diversos. Não sabia direito o que nem como faria isso, mas tinha o meu porquê.

Voltei de férias e novamente ao trabalho. Logo nos primeiros dias me chamaram para liderar um projeto de Inclusão e Diversidade e um de *employer branding*, duas iniciativas que obviamente me brilharam os olhos. Balancei nas bases, pois bateu o medo de toda pessoa que tem boletos para pagar, e tentei mudar de opinião a todo custo. Sempre fui muito cuidadosa com o dinheiro e tinha uma boa quantia guardada no caso de uma emergência, mas o medo e a ansiedade de não saber o amanhã tomou conta.

Então comecei a ter dores de barriga terríveis, como se meu corpo dissesse: "Você precisa fazer uma mudança na sua vida". Era o corpo novamente mostrando o que eu precisava fazer, só precisava escutá-lo. O corpo sempre fala, às vezes só não queremos ouvi-lo, ou melhor, temos medo de ouvir o que ele tem a dizer.

Reconectei-me com tudo o que havia sentido na floresta e lembrei da frase poderosa que Waxy me disse quando estávamos contemplando o coração da floresta amazônica: "Espírito do medo, este corpo não te pertence". E dei um dos maiores saltos de fé da minha vida.

Pois bem, três dias depois do meu retorno, pedi as contas para iniciar um novo capítulo na minha vida. Afinal, se não curasse a mim mesma, que exemplo de líder eu seria?

Se olharmos para a natureza, perceberemos que cada árvore, planta, flor e animal é único e diferente um do outro. Podem ser parecidos, mas não são exatamente iguais. Isso é abundância, é ver o encanto nas semelhanças e aceitar as diferenças. Como seres humanos, esbanjamos beleza e perfeição, cada um a sua maneira. E, por descobrir que sou perfeita como nasci e que não preciso me enquadrar em determinados padrões, decidi criar a vida que quero para mim.

Human Skills Manifesto: uma jornada inspiradora de transformação nos ambientes profissionais

Quando me tornei supervisora na área de TI, sabia que não estava 100% pronta. Fiz cursos na área de desenvolvimento humano, liderança e coaching nas melhores escolas e aprendi muita coisa, mas ainda assim havia os desafios do dia a dia:

- → Como dar feedbacks difíceis? Ou mesmo como orientar uma pessoa a se consultar com um psicólogo, pois precisava tratar problemas da infância que trazia para o trabalho?
- → Como dar oportunidades aliadas às *skills* das pessoas (e como identificar essas *skills*)?
- → Até quando dar chances para colaboradores que não estavam focados e comprometidos? Ou como proporcionar ambientes onde as pessoas se sentissem pertencentes e que pudessem colocar em prática sua melhor versão?
- → Como mudar a percepção sobre determinados colaboradores que eram bons, mas haviam sido estigmatizados por um único erro?
- → Como elaborar discursos e desenvolver estratégias para convencer lideranças sobre novos rumos, sobre um novo mundo em gestão?

Eu não estava satisfeita com as respostas que tinha ou que me davam, queria aprender mais, queria ter mais certezas e confiança, e passei a questionar amigas, empreendedores sociais, executivos, gestoras, professores que trabalhavam em outras empresas, outros segmentos, que eram empreendedores e docentes universitários. As respostas eram muito diversas, mas o ponto em comum era:

→ Não havia receitas prontas em relação a isso.
→ Não existiam respostas certas ou erradas.
→ Todos queriam aprender a lidar melhor com essas questões.

Então qual era o caminho do meio? Até onde nós, como líderes, devemos ir e até que ponto os outros devem vir até nós?

Com essas questões em mente, reuni aproximadamente trinta pessoas em um café no centro de Curitiba para falarmos de habilidades humanas e do futuro do trabalho, em fevereiro de 2020. Quando fiz essas perguntas, as respostas eram as mais diversas, mas todos queriam respostas, todos queriam aprender a lidar melhor com essas situações. Esse encontro aconteceu um mês antes da pandemia. Logo depois, quando tudo mudou, passamos a nos reunir on-line.

Montamos um grupo de estudos com o propósito de analisar, testar e construir soluções que trouxessem humanidade e pluralidade para o desenvolvimento de *soft skills* voltado para pessoas que quisessem evoluir como seres humanos. Como éramos muitas pessoas, nos dividimos em grupos de trabalho, cada qual focado em um tema. Se em condições normais manter a assiduidade, o engajamento e a colaboração era algo desafiador, imagine durante uma pandemia (principalmente no começo dela, quando houve toda essa movimentação e ninguém sabia o que estava acontecendo).

Começamos a estudar pesquisas internacionais da Deloitte, McKinsey, governo da Austrália, Suécia, Finlândia, Japão e vários países que já demonstravam preocupação em preparar os seus cidadãos para o futuro do trabalho, que viam que as habilidades humanas são a base da educação de uma sociedade que se diz viver na Nova Era.

Durante as pesquisas e discussões, identificamos algumas dores latentes da sociedade que se conectavam com as habilidades humanas de que falávamos (empatia, comunicação estratégica, liderança humanizada, proatividade, colaboração, entre outras):

- → Crise silenciosa na área de saúde mental. Somos o país mais ansioso do mundo, com mais de 30% de casos de ansiedade, depressão e síndrome do pânico, e durante a pandemia esse número aumentou consideravelmente.
- → Falhas e falta de entendimento de responsabilidades no desenvolvimento de *human skills* no ambiente de trabalho (ego, lobby, interesses pessoais em vez de interesses coletivos).
- → Ausência de uma referência norteadora para ações de desenvolvimento de competências comportamentais, tanto para o profissional que deseja se desenvolver como para organizações que desejam estabelecer ações com esse objetivo.
- → Sabemos que a força de trabalho terá que aprender novas habilidades devido ao advento da tecnologia, e todas as pesquisas mundiais da área atestam que a maioria dessas habilidades são humanas (McKinsey & Deloitte, 2021 e 2022).

A partir dessas dores latentes, fizemos alguns workshops ministrados por líderes voluntários de uma start-up de Curitiba que nos auxiliou nesse apanhado de ideias e sobre o que juntos poderíamos fazer e gerar para o mundo. Alguns meses depois, essa start-up implementou boa parte do que havíamos discutido no grupo, inclusive usando as mesmas terminologias e frases que criamos em conjunto. "Tudo bem", pensei, "a ideia é boa mesmo, não é?".

A pergunta que não queria calar era: seguíamos como grupo de estudos, aprofundando nossas descobertas e as pesquisas internacionais que analisávamos, mas o que poderíamos oferecer ao mundo?

O grupo ficava dividido, até que certo dia tive um *aha moment*. Que tal escrevermos um manifesto, o Human Skills Manifesto, que coloque o ser humano em primeiro lugar e leve os princípios e valores mais importantes para dentro das empresas? E, mais importante, em vez de usar o termo *soft skills,* cunhar o termo "*human skills*" oficialmente na internet para designar habilidades humanas como algo cotidiano para influenciar positivamente a cultura de humanização dentro das empresas?

Compartilhei com o grupo e todos adoraram a ideia, então escrevemos em várias mãos, em outubro de 2020 (se me lembro bem!), esse manifesto inspirado no Manifesto Ágil, trazendo os principais valores e princípios que acreditávamos que moldariam a cultura das empresas do futuro. E, em 15 de dezembro de 2020, lançamos oficialmente esse manifesto escrito por Karen Rebello, Marcella Rasera, Fernando Henderson, Fernando Alves e eu.

Começamos a fazer reuniões com empresas, associações empresariais e órgãos públicos para testar a aceitação e a adoção do manifesto. Ouvimos "sim" de muitas empresas e alguns "nãos" daquelas mais pragmáticas, que queriam um processo, um curso ou um workshop para promover as ações e atitudes que defendíamos dentro dos ambientes profissionais. Claro, essa também era nossa vontade, mas não tínhamos uma visão de negócio com produtos e serviços, e sim uma visão acadêmica.

Em resumo, tudo o que fazíamos voltava a esse ponto. Logo, começamos a ter divergências de pensamento entre gestores × empreendedores. Alguns destes últimos queriam o quanto antes monetizar o tempo dedicado em produtos e serviços. Eu era a cola entre todos e fazia um grande esforço para que se sentissem bem, mas ainda não via a saída de abrir um negócio formal — fosse um instituto ou uma empresa.

Sentia-me solitária e coordenando um projeto ao qual tinha que dedicar muitas horas para reunir as pessoas, organizar as reuniões, produzir os conteúdos, alinhar interesses... ufa, era bastante coisa operacional e, bom, o operacional é o que mata toda pessoa empreendedora. Para abrir um instituto, teríamos que ter pessoas muito engajadas e dispostas a fazer o trabalho burocrático necessário, e para abrir um negócio, também não sentia que tínhamos quem pudesse dedicar tempo nem um modelo de negócio ideal e escalável.

Fomos levando o grupo da melhor maneira possível e alguns permaneceram, outros assumiram novas posições em empresas e deixaram o Manifesto, mas nunca desisti, sempre encarei os desafios de frente e, mesmo tendo alguns atrasos e decepções, me mantive firme no propósito. Não vou mentir, a carga foi muito grande com o passar dos anos e o meu maior aprendizado foi que ficava quem realmente estava conectado e queria fazer a diferença, afinal, esse é o fluxo natural da vida de ir e vir, principalmente porque estávamos no meio de uma pandemia. O sonho sempre foi coletivo e era realizar algo em conjunto, mas eu não sabia exatamente o que era.

A vida acabou mudando de rumo quando saí da empresa na qual trabalhei por treze anos e, paralelamente às atividades do Manifesto, comecei a empreender. Criei minha própria empresa e minha marca e passei a dar cursos e treinamentos a partir das dores empresariais que identificava nas organizações, trazendo temáticas únicas.

Criei bons relacionamentos no empreendedorismo e, demonstrando dia após dia minha relevância, resultados e posicionamento, comecei a ser chamada para palestrar em eventos nacionais, fazer parte de bancas avaliadoras de empresas ágeis e inovadoras e ser host de congressos renomados. Alavanquei meu *branding* pessoal e fui construindo meu espaço. Levei calote de amigos, me reergui e fui fortalecendo cada vez mais a autoestima e a fé na relevância do meu trabalho para o mundo.

Paralelamente, no Human Skills Manifesto, criamos a primeira Jornada da Liderança Humanizada em outubro de 2022, um curso piloto com um programa transformador de liderança que conta com professores especialistas, doutores e profissionais do mercado com temáticas inexploradas no mercado quando falamos em humanização: autoconhecimento e vulnerabilidade na liderança, liderança exponencial, níveis de consciência e *mindfulness* para liderança, antroposofia conectada a conflitos geracionais, feedback genuíno e ferramentas de humanização e, por fim, segredos, ego e jogos de poder nas organizações.

Depois dessa jornada piloto, vimos que os resultados foram significativos e, para as próximas jornadas, devido ao valor de faturamento permitido por CPF, teríamos que abrir um CNPJ. Então fiquei novamente diante de uma bifurcação:

1. Seguir carreira solo.
2. Abrir formalmente o Human Skills Manifesto como um negócio.

Discutimos essas opções no conselho voluntário que tínhamos no Human Skills Manifesto e, no fim de fevereiro de 2023, ele se tornou uma empresa com CNPJ comigo à frente desse negócio. Lançamos mais três jornadas que foram um sucesso e estamos constantemente atentos às tendências de negócios para trazer o que há de mais moderno no mundo para as lideranças brasileiras.

Acreditar em nossas ideias e ir atrás delas é o que faz do espírito empreendedor uma das alavancas que mudará o mundo e principalmente o nosso Brasil. Empreender no nosso país não é fácil, é preciso desenvolver estratégias inteligentes e muita resiliência para prosperar em um ambiente hostil e em um mercado que nem sempre compreende a importância de desenvolvermos habilidades humanas para progredir como país e como seres humanos evoluídos e refinados. Isso porque, obviamente, ainda estamos preocupados com a fome, a falta de moradia e a pobreza, então nem todos compreendem o quanto precisamos falar de inteligência emocional, *mindset* de crescimento, pensamento analítico, criativo, inovador, liderança, gestão de tempo, flexibilidade, dentre tantas outras *human skills* que nos fazem ser quem somos, seres humanos em constante transformação.

Foram muitas pessoas que apoiaram o Human Skills Manifesto, e dentre elas gostaria de citar alguns nomes que estavam desde o começo: Marcella Rasera, Fernando Henderson, Karen Rebello, Fernando Alves e Érico Klein. Em uma segunda fase, quando instituímos o conselho voluntário, Aline Lazzari, Andre Sanches, Gisele Victor Batista, Mário Porto. E, claro, nossas pessoas apoiadoras voluntárias: Ieda Lima, Camila Sanches, Carol Aguiar, Annah Mascarenhas, Kauanna Batista Toppa, Erika Guerra, Fernando Custódio, Andrea Armellini e tantos outros.

Depois de criado o negócio, pensei que sozinha dá para ir rápido, mas em conjunto vamos mais longe. E foi com esse pensamento que comecei a ir atrás de um potencial sócio. Listei as características que me complementariam em termos de *human* e *hard skills*, comportamentos e atitudes que buscava nessa pessoa, mas onde encontrá-la?

Conversei com muita gente, até com fundadores de start-ups, perguntando o que buscavam em um *partner*, como tinham encontrado o seu e como era ter um negócio com outra pessoa. Já havia empreendido no passado e participado de uma sociedade, mas sempre percebia muitos desafios e conhecia mais histórias de insucesso que de sucesso.

E foi em uma conversa com o dono da Labsit durante o evento do Agile Trends que tive um insight estratégico. Ele estava comentando que seus sócios tinham sido seus colegas de trabalho e que antes de abrir qualquer negócio era muito importante ter esse tipo de experiência, pois assim já se sabe como a pessoa é no dia a dia profissional, pois uma coisa é ter amigos, outra completamente diferente é trabalhar com eles. Naquele momento, pensei: só tem alguém que vejo como potencial sócia, minha amiga, ex-gerente e mentora Karen Rebello.

Voltei do evento, marquei uma conversa com ela e fiz a proposta. Não poderia ter escolhido uma sócia e parceira de vida melhor para um casamento profissional. Nós nos complementamos em habilidades, pensamos rápido, compreendemos o modo de pensar da outra e conhecemos nossas fortalezas e áreas de melhoria. Além disso, ela é a pessoa mais ponta firme que conheço e temos uma relação genuína em que falamos o que pensamos sem filtros.

Enfim, esse foi o início da linda jornada do Human Skills como empresa, *edtech* focada em humanizar e acelerar pessoas, profissionais, líderes e empresas, colocando seres humanos em primeiro lugar aliando sempre propósito, legado e lucro sustentável à visão de "ser a *edtech* mais humanizada do Brasil, que transforma pessoas, líderes e empresas através da metodologia própria Humans Lab, on e off-line, preparando indivíduos para a Nova Era".

O ano de 2023 foi de muito trabalho para mim e para a Karen Rebello, pois, como em toda start-up, montamos e validamos nosso modelo de negócios com palestras, workshops, *team buildings*, cursos, mentorias, *masterminds* e jornadas, tanto para B2C quanto para B2B. Contratamos nosso primeiro colaborador, o Miguel Taylor Duque, participamos da nossa primeira aceleração no maior programa de start-ups da América Latina, o Inovativa Brasil, participamos palestrando e como start-up convidada no South Summit Brazil, Agile Trends, Web Summit, StartUp Summit, Congresso LatinoWare de Tecnologia, Congresso Internacional de Felicidade Corporativa, dentre tantos outros. Também criamos a nossa comunidade nas redes sociais, que só tem crescido — chegamos a mais de 2 mil pessoas no LinkedIn —, implementamos nosso primeiro produto *tech* e um dos grandes presentes do ano foi realizar o evento presencial Trends for Leaders, trazendo as principais tendências mundiais para altas lideranças e executivos, patrocinado pelo Grupo Ivy, Gazeta do Povo, AMCHAM e Instituto Connect.

Em nossa última reunião de conselho de 2023, conversando com nossos conselheiros voluntários, a dra. Gisele Victor Batista trouxe um grande insight: o Human Skills Manifesto é um movimento de todas as pessoas para todas as pessoas. E refletindo sobre isso, sabendo que tudo muda o tempo todo, decidimos voltar com o movimento (como no início) para que todas as pessoas que queiram seguir esses princípios possam usar o manifesto e nossos materiais coletivos, e a empresa constituída com CNPJ passará a se chamar Humans Culture Education.

Voilà! Siga nossas redes sociais para ser humanizado e acelerado por nós. Assim como minha vida se transformou, a sua também mudará. Vamos fazer inovação de gente com a gente?

Human Skills Manifesto:
https://humanskillsmanifesto.com/
Linkedin:
https://br.linkedin.com/company/humanskillsmanifesto
Instagram:
https://www.instagram.com/humanskillsmanifestooficial/
Nova marca:
www.humanscultureeducation.com

3.

Ferramentas do líder humanizado: criando e gerenciando times humanizados na sua melhor performance

Criando ambientes seguros e de confiança
No capítulo anterior, contei algumas histórias de líderes humanizados que me inspiraram a dar o meu melhor. E por que me inspiravam?

Porque eu tinha as ideias e a determinação para realizá-las, mas me faltava direcionamento estratégico para colocá-las em prática da melhor forma possível. Você também é assim? Do que sente falta hoje na liderança? Todos podemos fazer essa análise para entender aquilo que nos falta, pois, se queremos evoluir como líderes, é exatamente esse ponto que precisamos buscar.

Quando eu tinha líderes que me ajudavam a executar minhas ideias, percebia que nada poderia me parar. Então, qual foi minha conclusão?

Que, se eu fizesse o mesmo por meus liderados, todo mundo seria imparável. Como testei essa teoria? Praticando, praticando e praticando. Por onde comecei e por onde você também vai querer começar?

Eu te mostro como!

Criando ambientes seguros e de confiança para que as pessoas pudessem ser elas mesmas, ou algo próximo disso. Todos queremos nos sentir pertencentes e fazendo a diferença.

Comecei perguntando sobre o meu PORQUÊ. Por que eu quero fazer a diferença e o que me move? No meu caso, é identificar e extrair o potencial máximo das pessoas para que elas sejam a sua melhor versão; construir ambientes seguros e inclusivos para que todos se sintam pertencentes; trazer a minha experiência e aprender com os mais diferentes perfis e pessoas.

E qual é o seu PORQUÊ? Por que você se levanta todos os dias para trabalhar e por que escolheu ser líder? Não é um questionamento rápido, e às vezes pode levar anos até que a gente descubra por que somos líderes, mas é importante que tenhamos essa resposta para construir a nossa jornada de liderança.

Simon Sinek traz em seu livro *Comece pelo porquê* e em seu TED Talk esses aspectos como fundamentais para entender o poder do propósito e da liderança inspiradora. Ele enfatiza a importância de começar por entender o motivo de uma organização existir e como isso pode motivar as pessoas a se engajarem e se identificarem com a missão e os valores da empresa. Sinek argumenta que as empresas e os líderes que comunicam claramente seu propósito e inspiram seus colaboradores a compartilhar dessa visão têm mais chances de alcançar o sucesso sustentável e construir relacionamentos fortes com clientes e parceiros. Ele destaca que o propósito não é apenas sobre lucrar, mas sobre fazer a diferença no mundo e criar um ambiente de trabalho que proporcione significado e satisfação pessoal.

Pois bem, após realizar essa reflexão, faça o mesmo com cada um de seus colaboradores e colaboradoras. Abaixo segue o conjunto de perguntas que intitulo como "Roteiro de diversidade, inclusão e pertencimento". Utilize essa ferramenta em reuniões 1:1 para que você também possa extrair o máximo das suas pessoas.

Roteiro de diversidade, inclusão e pertencimento

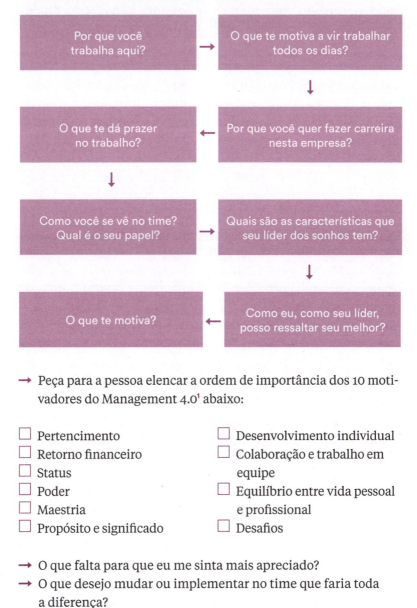

→ Peça para a pessoa elencar a ordem de importância dos 10 motivadores do Management 4.0[1] abaixo:

- ☐ Pertencimento
- ☐ Retorno financeiro
- ☐ Status
- ☐ Poder
- ☐ Maestria
- ☐ Propósito e significado
- ☐ Desenvolvimento individual
- ☐ Colaboração e trabalho em equipe
- ☐ Equilíbrio entre vida pessoal e profissional
- ☐ Desafios

→ O que falta para que eu me sinta mais apreciado?
→ O que desejo mudar ou implementar no time que faria toda a diferença?

---

1 Management 4.0 é também conhecido como gestão moderna ou ágil e enfatiza a importância de compreender os fatores que motivam os indivíduos. Embora diferentes teorias e abordagens possam ser aplicadas, existem alguns fatores comuns que podem influenciar a motivação dos indivíduos.

141

É tão básico, não é mesmo? E parece que ninguém tinha nos dado "permissão" para fazer essas perguntas. Mas agora é o momento de você se permitir entender tudo isso sobre si mesmo e sobre as pessoas que trabalham com você.

Vale ressaltar que essas perguntas devem ser feitas individualmente para compreender as motivações de cada indivíduo. Esse é o começo para criar ambientes seguros. Lembre-se de anotar as respostas individuais em algum documento (Word, One Note, Notion ou qualquer ferramenta que te possibilite revisitá-la a cada dois ou três meses).

Preciso lembrar que, em um primeiro momento, essas questões causam estranheza, pois quase ninguém as faz ou reflete sobre elas. Contudo, depois que olhamos para esses valores e princípios tão importantes, tudo muda. As respostas trazem clareza e consciência para aquilo que não vemos facilmente. Elas iluminam a personalidade única de cada indivíduo, e entender como cada um deles funciona dentro de um time é ser um líder transformacional.

Perguntas como essas demonstram a atitude de um líder coach e também servidor. Esse tipo de abordagem nos conduz por conversas profundas nas quais conseguimos entender como o colaborador pensa, e como resultado disso geramos um ambiente de empatia e confiança com uma comunicação mais leve, com mais liberdade, menos julgamento e menos ego. Se ambas as partes derem o seu melhor, todos colheremos frutos de uma relação genuína e transparente. Por esse motivo, vale ressaltar que, quando perguntamos, também trazemos a responsabilidade para nós, pois, se não tomamos nenhuma atitude diante do que ouvimos, acabamos afastando nossos liderados.

Quanto mais investimos nas relações interpessoais entre líder e colaborador, mais impactos positivos teremos nos ambientes profissionais. O líder humanizado investe tempo em pessoas e se dedica a elas, pois sabe que tudo é sobre seres humanos. É de extrema importância entender o que cada uma traz de melhor, sua visão de mundo e como pode contribuir aliando suas habilidades técnicas e humanas. Esse equilíbrio é meio caminho andado para criar ambientes inclusivos, diversos e saudáveis.

Ao conhecer o perfil individual dos liderados e entender o que os motiva, o que os faz ir ao trabalho todos os dias, criamos laços de afeto que serão traduzidos em pertencimento. Parece tão simples, mas por que poucos líderes agem assim? Depois de fazer pesquisas e mentorar tantos líderes e CEOs, minha resposta é que fazer essas perguntas e se mostrar tão aberto a aprender nos coloca em um lugar de vulnerabilidade, porque essa atitude exige sutileza, carinho e preocupação com o outro, além de dar bastante trabalho escutar o que as pessoas querem e colocar esses planos em prática.

Mas pergunto: se nas empresas falamos sempre em resultados, objetivos e metas, como não tratar dessas mesmas questões do ponto de vista pessoal de cada colaborador? É tão óbvio, mas ao mesmo tempo não é. Isso acontece porque nossa estrutura social e profissional não foi construída para pensar de outra forma, mas está na hora de mudar e colocar as pessoas em primeiro lugar.

Assim, cada uma compartilhará seu mundo particular e, quando abrirmos essa porta, não terá mais volta: criaremos ambientes seguros e de confiança. Mas, claro, é importante mencionar que, ao fazermos isso, também precisaremos lidar com um ambiente repleto de ideias e pessoas empoderadas, saber administrar os próximos passos sem perder nossa autenticidade e gerenciar o nosso ego durante a jornada.

Antes de me tornar líder, não compreendia essa questão do ego. Na verdade, nem sabia o que era ego. Fui percebê-lo em sua magnitude depois que virei supervisora e passei a me sentar à mesa com os grandes. Comecei a notar que alguns líderes sempre precisavam se sentir parte da decisão ou ter a palavra final. Ou então que, em vez de ensinar com palavras, davam tarefas extremamente difíceis e deixavam a pessoa se virar sem orientação, mesmo sabendo que isso poderia causar erros ou problemas. Claro, às vezes é necessário tirar as rodinhas da bicicleta e deixar os liderados e lideradas aprenderem com as próprias experiências, mas passei a me incomodar quando via líderes sentindo prazer em ver o outro dando voltas para alcançar o desejado.

Nesse momento, consegui compreender por que muitos líderes abusam do poder. Lembrei-me desta frase: "Dê dinheiro ou poder para conhecer uma pessoa de verdade". E foi aí que a ficha caiu — e caiu fundo. A história ainda pode piorar: dependendo do ambiente e da consciência que existe nele, todos os líderes (ou quase todos) acabam achando normal agir dessa maneira.

Quantas vezes em reuniões nas quais eu estava apresentando uma proposta inovadora ou quando outra pessoa estava fazendo isso (em diversas empresas) vi líderes questionando a ideia ou proposta de maneira a abusar do poder? Inúmeras. Exemplos de perguntas desse tipo:

→ Você realmente acredita que isso vai funcionar? Parece um desperdício de tempo e recursos.
→ Outras pessoas já tentaram algo semelhante antes e falharam. O que faz você pensar que terá sucesso?

Mas não é só o conteúdo que mostra descaso, e sim o tom de voz. Pense quantas vezes você presenciou alguma liderança fazendo perguntas em um caso parecido com esse? Esse tipo de pergunta enjaula se olhamos para a liderança humanizada e que preza pelo respeito entre as pessoas. Mas preciso adicionar um ponto importante aqui. Em alguns ambientes, esse tipo de questionamento também pode motivar, se usado como chicotinho. Dependendo da cultura, e se as pessoas foram educadas ou adestradas no ambiente, esse tipo de comportamento pode ser um motivador em que o gatilho é a competição.

Se queremos ter uma empresa humanizada e com líderes que se preocupam com o desenvolvimento dos indivíduos, podemos dar ideias de como complementar a iniciativa ou projeto, e não apenas criticar. Essa é a grande diferença quando queremos criar ambientes seguros, humanizados e produtivos.

Devemos ajudar a construí-lo (usando boas perguntas) ou então dar a vara de pescar para as pessoas.

Exemplo:

→ Você pode compartilhar mais sobre sua experiência e como ela pode ser aplicada a esse projeto inovador?
→ Quais aprendizados você extraiu de tentativas anteriores semelhantes e como você planeja abordar esses desafios de maneira diferente?

Isso é empoderamento, liderança servidora e visionária, mas nem todos os líderes e colaboradores sabem lidar com isso. Devido à estrutura societária em que vivemos, os funcionários se assustam quando dizemos que podem tomar decisões por si mesmos. Vários de meus liderados ficavam confusos quando eu lhes dava o poder de decisão. Uma ótima pergunta a se usar nesse caso é a seguinte: "Se você estivesse no meu lugar como líder, o que faria?". É um método excelente para pedir feedback indiretamente.

Também senti na pele, em alguns momentos, como os liderados podem tentar nos manipular a partir do momento que têm esse poder, e não necessariamente agem assim de forma consciente.

Perceber como se dão essas estruturas exige muita escuta ativa, observação, consciência e estratégia, outras características que digo serem essenciais para nós, líderes do futuro, a fim de criarmos e mantermos ambientes seguros.

Encontrar equilíbrio entre escutar ativamente e aceitar colocar uma ideia em prática, fazer perguntas para agregar valor e dizer "não" quando necessário, sem desestimular o colaborador, são atitudes complexas. Cada pessoa reage de uma maneira, e há uma linha tênue entre ser sincero, escutar de verdade e falar com sutileza e carinho para não desanimar a pessoa.

E, com base nas respostas dos liderados e na evolução desses relacionamentos, nós, como líderes humanizados que queremos ser, começamos a ter uma visão de como cada pessoa funciona e qual é a sua configuração mental e mindset. Isso ajuda a perceber o ambiente macroeconômico do time e ter uma visão 360 graus, comportamental e emocional, das pessoas.

Mas você vai me perguntar: "Como podemos juntar tudo isso?".

Recomendo que você escreva conclusões, respostas, fatos que vai percebendo em cada liderado. Quando fazemos isso, desenhamos nossa visão e desenvolvemos nosso macroentendimento das pessoas e das situações. Descobri que muitos líderes fazem isso e que essa atividade muda vidas: as nossas e as de nossos liderados.

A construção de ambientes seguros é uma evolução diária. Não é somente com essas perguntas e conselhos que se constrói um, mas essas ações são o primeiro passo.

O segundo é construir e manter a confiança. Isso acontece quando damos voz às pessoas nas reuniões gerais e de time, nas 1:1 e ao valorizarmos seu trabalho e suas habilidades únicas.

À medida que esse espaço vai sendo construído, podemos, como líderes, conectar as respostas dos indivíduos com o propósito da empresa e do time (que também pode ser criado).

Em resumo, **a fórmula para criarmos ambientes seguros seria mais ou menos assim**:

1. Dê atenção às pessoas: tempo de qualidade para conhecê-las como seres humanos, notando seus talentos e habilidades únicas. Realize 1:1 mensais ou bimestrais para dedicar tempo ao ativo mais importante das organizações: pessoas.
2. Faça perguntas profundas para entender as motivações dos liderados.
3. Ouça de verdade e genuinamente as pessoas em reuniões gerais, com o time e nas 1:1.
4. Dê voz a cada colaborador e a suas ideias — mesmo que não sejam compatíveis com o que você gostaria ou acredita. Como líder, devemos acolher, respeitar e agradecer a pessoa por dar suas opiniões. Converse com ela para entender por que ela deu aquela ideia, o que a motivou.

Dedicar tempo às pessoas, ouvi-las, incluir suas ideias e opiniões é ser um líder que cura e é construir o caminho para desenvolver ambientes seguros.

5. Busque e distribua tarefas e atividades conforme as habilidades únicas de cada um e use essa ferramenta como delegação para desenvolvimento dos liderados.
6. Celebre pequenas vitórias dos liderados e reconheça o talento, mas principalmente a determinação e comprometimento de cada um.

Dedicar tempo às pessoas, ouvi-las, incluir suas ideias e opiniões é ser um líder que cura e é construir o caminho para desenvolver ambientes seguros.

Escutemos o que o time pensa, suas opiniões e contribuições. Isso é essencial para construirmos ambientes seguros e de confiança e, consequentemente, times unidos e de melhor performance.

E, querido leitor, digo: cada vez mais veremos ambientes assim, esse é o futuro do trabalho. O mundo está pedindo por mais empresas desse tipo, e muitas das iniciativas de hoje já priorizam a opinião dos colaboradores — vide apps como Monday e Glassdoor.

Como já comentamos antes, todos buscamos as mesmas coisas: afeto e sentimento de pertencimento. Se encontrarmos essas duas características na vida profissional, daremos nosso melhor, pois nos sentiremos parte de algo, que estamos agregando valor a um propósito ou organização.

Vamos juntos colocar em prática o que vimos? Não vou mentir para você: dá bastante trabalho, viu? Mas a recompensa de ver seus liderados superando medos, crenças limitantes e se desenvolvendo vale cada investimento.

Afinal, estamos aqui para aprender a ser líderes que curam e construir futuros melhores, não é mesmo?

Traçando objetivos claros para a equipe e para a liderança

Quando assumi a liderança formal de um time, eu me perguntei se deveria entender a equipe primeiro ou traçar meus próprios objetivos como líder. Qual foi a conclusão? Entender a equipe primeiro para mergulhar no ambiente e compreender cada pessoa. A partir daí, fazer esse diagnóstico do ambiente e traçar os objetivos em relação ao time e depois avaliar o que eu como líder precisaria desenvolver.

Vamos começar falando de uma ferramenta muito importante: o plano dos 90 dias, também conhecido como plano de ação de 90 dias, estratégia comumente utilizada em ambientes profissionais para estabelecer metas e objetivos específicos a serem alcançados em um período de três meses.

Esse plano é frequentemente utilizado por líderes, gerentes ou profissionais que assumem novas posições, projetos ou responsabilidades. Tem como objetivo principal criar um roteiro claro e direcionado para orientar a ação e o progresso durante os primeiros três meses de trabalho.

Ele geralmente engloba mudanças no estilo de liderança no time, processos, otimizações e fluxos de trabalho. É muito usado em grandes corporações nos Estados Unidos e é extremamente eficiente e eficaz para gerar resultados de impacto. Recomenda-se que não se realizem mudanças drásticas nesse período, pois o time está se acostumando com a nova liderança e vice-versa.

Aqui estão alguns elementos que geralmente estão presentes em um plano dos 90 dias:

1. Avaliação inicial: realizar uma análise detalhada da situação atual, identificando pontos fortes, áreas de melhoria, oportunidades e desafios.

2. Definição de metas e objetivos: estabelecer metas específicas e mensuráveis a serem alcançadas dentro do período de noventa dias. Essas metas devem ser relevantes e alinhadas aos objetivos de curto e longo prazo da organização.

3. Plano de ação: elaborar um plano detalhado que descreva as ações e atividades necessárias para alcançar as metas estabelecidas. O plano de ação deve incluir prazos, responsabilidades e recursos necessários para a execução efetiva.

4. Monitoramento e acompanhamento: estabelecer mecanismos para monitorar e avaliar regularmente o progresso em relação às metas estabelecidas. Isso pode incluir reuniões de acompanhamento periódicas, avaliações de desempenho ou outros métodos de verificação de progresso.

5. Adaptação e ajustes: durante os noventa dias, é importante estar aberto a ajustes e adaptações conforme necessário. À medida que novas informações e insights surgem, o plano pode precisar ser revisado para garantir que continue alinhado com os objetivos e as necessidades, em constante mudança.

O plano dos 90 dias é uma ferramenta eficaz para auxiliar no planejamento estratégico e na orientação das ações durante os primeiros meses de uma nova posição ou projeto. Ele oferece uma estrutura clara e focada para garantir que as metas sejam alcançadas e que o progresso aconteça de maneira sistemática.

Conversei com a minha gerente para entender o momento atual do time, as dores, as necessidades e o que era necessário desenvolver. Também tive reuniões 1:1 com todos os colaboradores para captar a perspectiva de cada um sobre si mesmo e sobre o time. Juntei essa visão macro (diagnóstico da liderança em relação ao time) e o que eu, como líder, precisava fazer para ajudar a equipe a alcançar melhores objetivos e resultados. Seguem alguns exemplos do que trabalhei com a equipe:

Desenvolver pessoas a alcançar seu potencial máximo
Mas, afinal, o que significa potencial máximo para cada um? Trata-se de algo muito amplo, pois todos precisam desenvolver competências e habilidades diferentes. Utilizo uma ferramenta sensacional chamada *skill matrix*, que lista as habilidades humanas e habilidades técnicas para saber onde cada um estava e onde gostaria de chegar até o fim de um ano (ciclo de avaliação

de performance). É um objetivo que geraria vários subobjetivos e que estaria em constante progresso, sendo (re)alimentado em reuniões 1:1 e conversas informais. Ademais, quando identifico a necessidade de melhorar algo listado na matriz, dou feedback de desenvolvimento, correção ou reconhecimento. Trago esse conceito neste momento do livro para que você possa ir se familiarizando com ele. Na página 170 vou explorá-lo com mais detalhes.

> *Skill matrix*, ou matriz de habilidades, é uma ferramenta utilizada para mapear e visualizar as habilidades e competências de uma equipe ou grupo de pessoas. Ela também é usada para identificar lacunas de habilidades que precisam ser preenchidas.
>
> Voltaremos a falar dela adiante, mas, resumidamente, uma *skill matrix* em geral é organizada em forma de tabela, na qual as habilidades são listadas nas colunas e os membros da equipe são listados nas linhas. Cada célula da matriz representa a combinação de uma pessoa e uma habilidade específica, e é preenchida com um indicador que representa o nível de proficiência da pessoa naquela habilidade.
> O indicador de nível de proficiência pode variar de acordo com a organização, mas é comum utilizar uma escala de classificação, como:
>
> Nível 1: Iniciante ou necessita de treinamento
> Nível 2: Competente com orientação ou supervisão
> Nível 3: Competente de forma independente
> Nível 4: Experiente ou especialista
>
> Ao preencher a *skill matrix*, é possível visualizar de forma clara quais habilidades estão presentes na equipe e o quão bem elas são dominadas. Isso pode ajudar a identificar áreas de força e expertise, bem como lacunas de habilida-

> des nas quais a equipe pode precisar de treinamento, desenvolvimento ou contratação de novos membros.
>
> A *skill matrix* é uma ferramenta valiosa para o gerenciamento de talentos, planejamento de sucessão, alocação de recursos e desenvolvimento de equipes. Ela permite que os gestores identifiquem rapidamente as necessidades de desenvolvimento da equipe e tomem decisões mais informadas sobre treinamento, atribuição de tarefas e estratégias de expansão.

Preparar e liderar o time para uma transformação ágil
Uma transformação ágil significa implementar novas práticas e maneiras de trabalhar para entregar ciclos de projetos de tecnologia totalmente diferentes aos que o time estava acostumado a utilizar. A equipe seguia um modelo de projetos *waterfall*, e o objetivo era realizar ciclos menores usando *scrum* para entregar valor de maneira mais rápida aos clientes. Essa estratégia mudaria a forma de pensar e agir dos colaboradores porque teriam que adotar um posicionamento mais flexível e um mindset ágil para aceitar que o método de trabalho seria outro, e isso exigiria mudança comportamental. Ou seja, cada objetivo também traz barreiras que precisam ser identificadas, e essa foi uma delas.

O time passaria a ter cerimônias ágeis, como *daily meetings*, para prover status do que estava sendo feito, em que cada um estaria trabalhando naquele e no próximo dia, assim como precisaria compartilhar se havia algum obstáculo que demandasse ajuda do *scrum master*.

Meu trabalho como líder foi conversar individualmente para entender as barreiras e as crenças limitantes e ajudar cada um a ressignificá-las para abrir caminhos. Também realizei atividades de *team building* para fomentar a colaboração do time e transformar o mindset fixo em mindset de crescimento.

Com o passar do tempo, as pessoas começaram a notar o valor em conversar e entender como cada colaborador se comporta, no que está trabalhando no momento, o que sabe tecnicamente. E, quando isso começa a funcionar bem, cria-se uma maior sinergia entre os colaboradores e o time. Claro, eles precisam se sentir à vontade, o *scrum master* deve ajudar a coordenar e fazer boas perguntas para incentivar o compartilhamento e a colaboração e a líder tem que conversar com a equipe para entender seus medos, o que precisa melhorar, alinhar expectativas e ressignificar aquilo que precisa ser modificado. Isso acontece em todos os times quando falamos em transformação ágil ou digital.

Também há muito a ganhar quando planejamos o trabalho em *sprints*, pois quebramos tarefas em ciclos de uma, duas ou três semanas, dependendo do tamanho do time e do que precisa ser entregue ao cliente final. Há ainda as cerimônias de retrospectivas ao fim de cada ciclo, nas quais o time dá feedback do que foi feito de maneira assertiva e o que pode ser melhorado.

Essa mudança de cultura não acontece do dia para a noite, é uma construção diária, e o líder pode acompanhar a evolução por meio de algumas das reuniões. Às vezes, sua presença pode inibir o time, então cada líder pode avaliar quando faz sentido participar e quando não, e até como se comportar durante as reuniões para incentivar que todos falem livremente.

Na agilidade, também temos o *product owner*, que prioriza os itens a serem desenvolvidos juntamente ao negócio; e o líder e/ou supervisor, que faz a gestão do desenvolvimento de habilidades técnicas e humanas do time, ajudando a planejar treinamentos, matriz de conhecimento de cada habilidade técnica ou aplicação, entre outros. Vale ressaltar que cada organização pode escolher diferentes maneiras de trabalhar com a agilidade, e que o papel da liderança e o nome desse cargo podem variar.

Meu papel nessa transformação era: preparar o terreno a fim de que as pessoas abrissem seus horizontes para trabalhar de forma diferente; ajudar nessa transformação, acompanhando se as posições ágeis e o time estavam cumprindo suas responsabilidades; identificar potenciais conflitos, áreas de melhoria e habilidades técnicas e comportamentais a desenvolver; e, consequentemente, oferecer coaching e mentoria para os colaboradores.

Às vezes, as pessoas apresentam resistência ou reclamam que os processos ágeis não funcionam, principalmente no começo da implantação. Isso pode acontecer por medo do desconhecido ou porque elas ainda não viram os resultados que uma transformação como essa pode gerar. Eu era a líder olhando de fora, provendo feedback, alinhando interesses e descontruindo egos individuais.

Houve duas pessoas que apresentaram comportamentos mais desafiadores e que se queixaram de alguns processos. Fui trabalhando com elas e tendo conversas profundas sobre seus medos e anseios, mostrando os benefícios das etapas, dando feedback de que determinado comportamento não era o que esperávamos e alinhando expectativas. Aos poucos, elas começaram a ter um posicionamento mais positivo e a contribuir mais com o time. Eu conversava muito com minha gerente e tínhamos bons insights do que poderíamos fazer, falar e alinhar com a equipe, e dividíamos o trabalho entre nós. Às vezes, eu realizava o feedback, outras ela, o que dava diferentes perspectivas para as pessoas e complementava a visão do que os líderes e a empresa esperavam dos colaboradores.

E como terceiro objetivo:

Preparar o time e dar suporte a ele para atingir os objetivos da organização
Toda multinacional é dividida em áreas, por exemplo, setor de TI, controladoria, compras, administrativo, RH etc. Dentro de cada uma dessas áreas existem organizações ou departamentos menores. No de TI, onde eu trabalhava, tínhamos objetivos específicos estabelecidos pela alta liderança para a nossa organização de *safety & security*. Tais objetivos estavam ligados a resultados em projetos que tínhamos que entregar; viagens para transição de conhecimento entre times; manutenção de um ambiente seguro em TI; contratação de novos funcionários; colaboradores treinados em determinada tecnologia ou área técnica; entre vários outros.

Como líder de primeira viagem, encarava todos os dias como um grande aprendizado, como se cada interação fosse uma oportunidade de crescer e me desenvolver. Fiz um plano com ações específicas para colocar cada objetivo em prática e depois o transformei em slides.

Escrever objetivos e revisá-los com frequência é crucial para relembrar o que precisa ser feito e acompanhar o progresso de um projeto. Além disso, é importante realizar retrospectivas de tempos em tempos para avaliar o que pode ser melhorado. Fazer isso traz clareza, foco e nos dá a certeza de que estamos no caminho certo, mirando estrategicamente o que precisa ser realizado.

Revisitar o plano com a minha gerente, que me apoiou nesse processo, foi muito valioso, pois trouxe segurança e confiança de que ela estaria ali para o que eu precisasse. Caso isso não seja possível no seu caso, busque mentores para auxiliar no seu desenvolvimento como líder, de preferência alguém que você admire e com quem se sinta à vontade para falar sobre objetivos e temas difíceis. O que quase ninguém conta é que pessoas de sucesso sempre têm um mentor ou mentora para ajudar a visualizar uma situação por outras perspectivas e traçar novos caminhos, alguém que já chegou onde queremos chegar e pode partilhar experiências e conhecimentos que ainda estamos desenvolvendo.

Mentores são faróis que iluminam o caminho com sua experiência, guiando-nos por trajetórias já percorridas.

A construção do meu propósito como líder:
COMECE PELO PORQUÊ

Como já contei aqui, certa vez uma supervisora me deu o feedback de que eu estava sempre envolvida em várias atividades, tinha muita energia e as pessoas não entendiam isso. Foi bruto, honesto e real. Abriu meus olhos para uma possibilidade que eu não contemplava até então. Nunca pensei que me doasse e empolgasse demais. Ser intensa era minha essência, mas ali não havia lugar para isso e eu tinha que me enquadrar. E isso significava fazer menos, participar de menos iniciativas e não aparecer tanto.

Lembro de ter pensado: mas como, em tantos anos, ninguém nunca me deu esse feedback? Como nenhum líder ou supervisora tinha conversado comigo antes? Era porque não tinham notado conscientemente ou porque tinham medo de me falar? Não importava, pelo menos o feedback foi dado; cedo ou tarde, ele chegou. E foi tão dolorido porque me importava muito com a validação externa, com o que os outros pensavam de mim e como era vista na empresa. Eu também não tinha a maturidade e a consciência para perceber o ambiente dessa forma, pois era ingênua.

O comprometimento que fiz comigo mesma foi que, quando me tornasse líder, faria o que essa supervisora fez: ser sincera e transparente com meus liderados. Não queria que ninguém tivesse que passar por uma dor como a minha, então quando percebesse algum comportamento que algum profissional pudesse melhorar para se desenvolver, eu conversaria com ele ou ela a respeito — mesmo que fosse difícil e doesse em mim.

Por esse motivo, quis assumir uma posição de liderança, e meu propósito estando nessa função seria ajudar as pessoas a se tornarem os melhores profissionais que pudessem ser, híbridos e integrais, a partir de suas habilidades únicas e especiais.

Claramente, não imaginava que fosse tão desafiador fazer isso. No começo, dar feedbacks cândidos e sinceros doía profundamente em mim. Lembro até hoje que sentia um aperto no coração e uma bola na garganta. Minha voz ficava trêmula e insegura, mas com o tempo e com experimentação fui aprendendo a forma de fazer melhor, a falar de maneira delicada e com amor: "Me preocupo contigo e quero te ver cada vez melhor, evoluindo como profissional, por isso te ofereço essa nova perspectiva para que pense em quem quer ser".

Assim, o processo foi se tornando cada vez mais natural e consegui ressignificar dentro de mim algo que doía ao ver esse percurso como evolução, minha e das pessoas que eu liderava. Troquei a crença de que estava machucando os outros por "es-

---

Mentores são faróis que iluminam o caminho com sua experiência, guiando-nos por trajetórias já percorridas.

---

tamos todos em evolução e posso ser parte disso na vida das pessoas". Queria que todos ao meu redor se tornassem mais evoluídos e conscientes.

Também refleti que talvez não tivessem me dado aquele feedback no passado porque eu não estava pronta para escutá-lo. Será que tal colaborador está preparado para ouvir algo que vai impactá-lo e mexer com seu íntimo e com seus valores? O líder que tem a sensibilidade de se preocupar com isso pode dar o feedback em partes, como se fosse uma escadinha: cada dia planta uma mensagem, vai preparando o liderado e, quando perceber que o feedback mais complexo pode ser dado, segue adiante. Usar essa técnica requer estratégia, paciência, visão de longo prazo, resiliência e muito planejamento, e traz excelentes resultados. A paciência é sempre uma grande virtude que nem sempre temos paciência para executar.

Tive um liderado com muita raiva, ódio e controle dentro de si. Ele era fantástico, performava como uma máquina e buscava fazer tudo que o time precisava que fosse feito. Não importava o que fosse, ia atrás e descobria como fazer. Uma nova tecnologia, um novo processo ou uma interface com outros times de diferentes departamentos. Ele dava conta de tudo. Exceto quando se deparava com alguém que despertava alguns de seus gatilhos, então explodia. Não conseguia controlar as emoções e dava respostas agressivas, às vezes até gritava com as pessoas.

Fizemos algumas sessões de coaching e mentoria, mas eram tantas crenças arraigadas que não teria como ajudá-lo a ressignificá-las sem entender sua história de vida e criação familiar. Comecei perguntando como era a relação com seus pais e percebi que, nos momentos em que ele "saía do corpo", trazia à tona sua criança interior, o que é uma reação bastante comum quando as pessoas despertam nossos gatilhos. Muitas vezes, trazemos para as relações profissionais aquilo que nos impactou na infância e que não temos resolvido dentro de nós.

Pouco a pouco fui trabalhando as questões que eu podia e de que tinha conhecimento, dava feedback e plantava nele, em cada sessão, a esperança de que poderia viver melhor, ter uma vida mais feliz e com menos sofrimento. Mas em alguns momentos ele tinha uma recaída e gritava com alguém, inclusive chegou a fazer isso comigo. Depois ficava envergonhado e pedia desculpas.

Ele estava em período de experiência e poderia ser ou não efetivado na empresa. Com esse comportamento volátil, seria difícil conseguir uma efetivação, mas eu via potencial nele e queria que evoluísse como pessoa e profissional. Então, certo dia, em uma das nossas reuniões 1:1, comentei que poderia ajudá-lo como coach e mentora, mas que alguns dos seus problemas precisariam ser tratados com uma psicóloga e que, se ele fizesse o tratamento de forma comprometida, eu conseguiria uma vaga permanente para ele em algum departamento da empresa.

Ele disse que queria ser contratado, que era seu sonho, então começou a fazer terapia. Passou a mudar alguns comportamentos e a ter um pouco mais de paciência com as pessoas, o que foi bastante positivo. Fiquei feliz por ter conseguido contribuir de alguma forma e confiado na minha avaliação profissional e nos meus instintos. Trabalhar com gente é sempre uma aposta. Como líder, podemos dar o nosso melhor e mostrar as possibilidades e diferentes perspectivas sobre o caminho, mas o liderado também tem que fazer a parte dele, o que aliás é o mais importante.

Se não tivesse dado esse feedback, ele provavelmente não teria ficado na empresa, não o contrataríamos devido ao seu comportamento. Mas tive coragem de falar algo extremamente delicado com sinceridade e afeto, e essa atitude trouxe benefícios para a vida dele e, de alguma forma, iniciou nele um processo de cura. E em mim também, pois percebi meu propósito: ajudar as pessoas a verem aquilo que nem sempre conseguem ver. O líder humanizado investe nos indivíduos e busca entender os porquês deles:

- → Por que são tão bons em algumas áreas.
- → Por que ainda não são tão bons em outras (geralmente áreas comportamentais, pois há crenças limitantes).

Ser líder tem muito disto: podemos levar o liderado ao céu, reconstruindo sua moral e incentivando-o por meio do afeto, da atenção, do feedback cândido e da parceria, mas, se não soubermos liderar direito (ou se formos agressivos), poderemos derrubá-lo. Por esse motivo, é tão importante que o líder cuide dos indivíduos genuinamente; assim, se algum dia alguma palavra sair de forma atrapalhada, por exemplo, o liderado vai entender que não foi por mal, e sim visando a seu desenvolvimento. E, caso isso aconteça, nós, líderes, sempre podemos pedir desculpas, afinal não somos perfeitos.

A partir dessa história, consegui conectar meu propósito com meus objetivos como líder: "Desenvolver um pipeline de talentos, uma boa relação com clientes e um plano estratégico para alcançar resultados como time. Influenciar positivamente as pessoas para se empoderarem durante a transformação ágil". O "como" foi desenhado traçando objetivos menores:

- → Apoiar os valores do time que criamos juntos: colaboração, atitude de equipe, comprometimento, *accountability*.
- → Incentivar um ambiente aberto e inovador.
- → Prover mentoring e coaching nas reuniões 1:1.
- → Dar suporte a uma cultura de aprendizado contínuo.
- → Criar uma cultura de feedback.
- → Criar uma cultura voltada ao *customer centric*.

Fiz uma reunião com o time para apresentar esses objetivos conectando-os com alguns princípios da empresa. Também perguntei aos colaboradores se havia mais algum ponto que gostariam de adicionar à lista e como poderíamos fomentar o que estava nela. Disseram que tudo estava dentro do que gostariam de trabalhar.

Nas reuniões 1:1, incentivava esses comportamentos perguntando o que cada um entendia por colaboração, comprometimento, produtividade, ambiente de confiança, discussões e conflitos positivos. Fui pouco a pouco aproximando as respostas deles aos objetivos da empresa e conectava o resultado disso com as oportunidades que percebia. Conversar sobre o significado de um termo, um conceito ou uma visão que temos facilita a comunicação e, consequentemente, os relacionamentos como um todo. Isso se chama "alinhamento de expectativas", e é essencial para que times desenvolvam uma comunicação assertiva.

É importante lembrar que você tem a capacidade de envolver as pessoas na criação dos objetivos da equipe. A história apresentada pode servir como uma fonte de inspiração para motivar e engajar todos os membros. Ao compartilhá-la, você pode encorajá-los a refletir sobre suas próprias experiências e desafios pessoais, incentivando-os a trazer suas perspectivas e contribuições para a definição dos objetivos em conjunto. Essa abordagem colaborativa pode fortalecer o senso de pertencimento e aumentar o comprometimento de todos para alcançar os resultados desejados.

Em tudo (ou quase tudo) que eu fazia, analisava se meus comportamentos estavam alinhados com esse plano. Antes de começar um dia de trabalho, relia todos os meus objetivos para o período, dessa forma eles ficavam frescos na memória e eu tinha certeza de que estava indo na direção que me propus a seguir. Lembrar constantemente nossos planos nos ajuda a viver uma vida mais plena e leve, pois estamos alinhados com nosso desenvolvimento e, consequentemente, com nosso propósito.

A seguir, proponho um exercício:

Exercício da jornada
Pense em sua história de origem e nos momentos que marcaram sua história de liderança. A partir dos tópicos apresentados, reflita como você pode construir sua jornada em forma de

linha do tempo. Escreva-a em um papel para que possa visualizar sua evolução e depois desenvolver um plano de ação.

História de liderança

→ Relembre momentos que marcaram sua vida de liderança.
→ Identifique os altos e baixos.
→ Descreva esses momentos.
→ Descreva pessoas ou influências marcantes.
→ Descreva seu desenvolvimento de competências e maturidade como líder.
→ Crie sua linha do tempo a partir das seguintes perguntas:
- Qual foi o primeiro momento em que se viu como líder?
- Qual foi o feedback mais inspirador ou sincero que recebeu em sua jornada de liderança?
- Quem foi o líder que mais te influenciou e o que aprendeu com ele?
- Quais comportamentos e exemplos te inspiraram durante sua jornada de liderança?
- O que formou seus comportamentos e *leader mindset*?
- O que significa sucesso na liderança para você?

→ Identifique as habilidades que usou ou deixou de usar:
- Adaptabilidade, afetividade, carisma, comunicação assertiva, coragem, criatividade, estratégia, visão, força da presença, senso de propósito, ação de servir, positividade etc.
- Reflita: quando suspeitou de que não daria conta de algo, quais habilidades, virtudes e características se mostraram presentes?

Agora, usando como inspiração o Golden Circle, conceito proposto por Simon Sinek em que ele sugere que organizações e líderes eficazes ajam a partir de três níveis de pensamento (por quê, como e o quê) — o qual adaptei para o propósito de liderança, responda às perguntas abaixo:

Quem sou eu como líder?
→ Quando me vi como líder pela primeira vez?
→ Quais são minhas características como líder?
→ Quais são meus comportamentos?
→ Eu me conheço?
→ Conheço minhas reações?

Como me comunico com o mundo?
→ Como me descrevo como líder?
→ Como as pessoas e meus liderados me descrevem?
→ Existe alinhamento entre como sou, como pareço ser e a maneira como me comunico?

Qual é meu impacto como líder?
→ O que trago para a mesa como líder?
→ Faço diferença na vida dos meus liderados?

Analise todas as respostas e perceba quais pontos conhecia ou desconhecia sobre você. Esse exercício sempre causa um profundo impacto em nós. Alguns líderes levam dias digerindo as respostas. Tome o tempo que for necessário.

Quando se sentir pronto para montar seu plano de ação, pegue papel e caneta e responda as perguntas abaixo:

1. O que está alinhado ao seu modo de ser e parecer, e o que não está? O que fará para transformar isso?
2. Quais aspectos gostaria de desenvolver? Escreva pelo menos três pontos.
3. Qual é o líder que você quer se tornar?

Mãos à obra! Escreva seu plano de ação e o revisite todos os dias, antes de começar a trabalhar, para aumentar a chance de alcançar bons resultados. Estou torcendo por você!

As cinco disfunções de um time

Não se constrói do dia para a noite um ambiente seguro, aberto e no qual as pessoas se sintam empoderadas para opinar ou tomar decisões. Criá-lo envolve uma jornada e considerar que cada indivíduo tem seu tempo e um nível comportamental diferente. Alguns não começaram o processo e podem não estar prontos ainda, enquanto outros estão dando os primeiros passos. A boa notícia é que realizar essa transformação é possível e executável.

Vale ressaltar que muitas vezes, quando damos essa liberdade, os colaboradores não sabem lidar com ela e se sentem perdidos, pois estavam acostumados com apenas o líder opinando e dando as ordens.

Mudar a forma como um time se organiza é sempre um desafio, principalmente se percebemos que os comportamentos necessários para que a nova dinâmica funcione ainda não estão tão desenvolvidos.

Fiz alguns experimentos com a equipe, dando a ela mais responsabilidades do que geralmente tinha no dia a dia e levando decisões que somente o líder estava acostumado a tomar para que o time deliberasse. Era visível o espanto no rosto dos colaboradores. Entreolhavam-se como que se perguntando: "Mas podemos decidir sobre isso?", ou esperavam que eu tomasse a decisão. Esse é o modus operandi que muitas empresas ainda vivem hoje: líderes mandam e colaboradores obedecem.

Essa forma de operar não é boa a nenhum dos lados, pois o líder precisa tomar decisões unilaterais e que muitas vezes não serão acolhidas, e tudo isso poderia funcionar de forma mais democrática se o poder de deliberar fosse compartilhado com o time, trazendo à discussão temas em voga ou ações que poderiam ser realizadas de forma diferente.

É claro que algumas decisões sobre o andamento dos processos e de como as coisas serão feitas dependem da maturidade de consciência dos colaboradores, do time e das organizações, mas deliberações simples podem ser compartilhadas como incentivo.

Pode-se fazer isso pouco a pouco, primeiro experimentando um tema, pedindo opiniões e conversando, percebendo quais liderados se expressam e quais não falam. Depois, pode-se reunir as lições aprendidas não só em relação aos colaboradores, mas também a respeito de como nós, líderes, levamos os fatos, lideramos a discussão e o que pode ser melhorado. É sempre muito importante lembrar que empoderamento é uma via de duas mãos.

Um conselho para criar um equilíbrio saudável no time é pensar o seguinte:

→ Processos, atividades e formas de trabalhar devem ser decididos em conjunto com a equipe para que a tomada de decisão seja despolarizada.
→ Objetivos, metas, métricas, OKRs da organização, por exemplo, podem ser inicialmente concebidos pelas lideranças e posteriormente compartilhadas com o time para que os funcionários possam contribuir e construir apontamentos coletivamente. A partir desses dados, líder e colaboradores podem criar objetivos mais específicos para o time e planos de ação.
→ Nas reuniões 1:1, líder e liderados podem pensar em objetivos individuais para cada um ajudar a organização a atingir suas metas.

Essa é uma receita testada com ótimos resultados, pois as pessoas conseguem se conectar quando sentem que fazem parte de algo maior e que estão construindo coletivamente com a liderança. Esse processo é empoderador. Trata-se de dar liberdade para alguém se sentir à vontade e dizer o que e como pensa.

Muitos líderes supõem que não podem dizer tudo o que pensam às pessoas, mas a grande verdade é que podemos falar qualquer coisa para qualquer um, basta saber quando e como dizer. Criar coragem para ter conversas realmente profundas e genuínas, mesmo quando sabemos que nossa fala poderá não ser bem recebida, é parte do processo de se empoderar.

Mas, claro, é importante testar e experimentar com o seu time e avaliar o que dá certo. Cada equipe é diferente, pois é composta de seres humanos diferentes, então por mais que entendamos como cada pessoa funciona, ainda assim precisamos entender também como o ecossistema do time funciona.

Para incentivar a liberdade de pensamento em uma das minhas equipes, apliquei um exercício chamado "Os 5 desafios das equipes: uma história sobre liderança", proveniente de livro homônimo, de Patrick Lencioni.[2] Trata-se de uma obra sobre princípios ágeis que traz uma pirâmide com os cinco motivos/comportamentos de um time não conseguir atingir melhor performance. São eles:

- → **Falta de confiança:** pode ter sido gerada individualmente, por insegurança de cada colaborador, ou causada porque uma ligação entre o grupo ainda não foi construída. O time ainda não compreendeu que a união de todos torna a equipe mais forte.
- → **Medo de conflito:** ocorre quando o time deixa de dizer o que pensa por receio ou por não querer discutir. É um estágio em que os colaboradores ainda não perceberam que podem trazer assuntos, mesmo que polêmicos, para que sejam discutidos visando agregar valor, e não a fim de brigar ou desmerecer o ponto de vista de alguém.
- → **Falta de comprometimento:** observada quando os funcionários não estão 100% comprometidos com as atividades do time, não querem aprender coisas novas, não se oferecem para ajudar os demais nem percebem que não estão presentes como deveriam.
- → **Não assumir responsabilidades:** quando a equipe não compreende que é possível tomar um problema para si e fazer de tudo para resolvê-lo em prol do time.
- → **Desatenção a resultados:** ocorre sempre que o time não percebe a importância de trabalhar no coletivo para atingir os resultados necessários que trazem sucesso.

---

2 LEONCINI, Patrick. *Os 5 desafios das equipes: Uma história sobre liderança*. Rio de Janeiro: Sextante, 2015.

Como queria incentivar a discussão positiva, pedi ao time que reescrevesse os cinco tópicos como funções positivas. Depois perguntei aos colaboradores quais conceitos gostariam de trabalhar e como.

Eles sugeriram que dividíssemos a equipe em duplas para realizar ações que poderiam ser adotadas em relação a cada um dos cinco tópicos:

- → Criar um ambiente de confiança.
- → Buscar atingir resultados melhores de forma mais inteligente e rápida.
- → Criar uma cultura de feedback.
- → Não ter medo de conflitos.
- → Fazer coisas divertidas juntos.

As duplas trouxeram suas ideias e colocaram o deadline de dois meses para colocá-las em prática. Entre as ações sugeridas estavam:

- → Jogos para serem realizados nas reuniões mensais de time.
- → Apresentações sobre cultura de feedback.
- → Eventos fora da empresa, como ida ao boliche.

Foi um exercício muito interessante e serviu para incentivar a discussão livre, mas, principalmente, a criatividade e a inovação de cada indivíduo. As pessoas se juntaram para fazer algo em comunidade, divertiram-se, e isso as aproximou, pois fez com que o diálogo se tornasse mais aberto e profundo, com que as relações fossem mais genuínas e com que, ao se conhecerem, alcançassem melhores resultados.

Quando um time dedica tempo às relações, tudo melhora. É importante conhecer os colegas e construir espaços para dialogar. Essa dedicação faz a diferença, pois aproxima e cria pontes entre ideias e pessoas, ou seja, conexões. Vale mencionar que nem sempre o time quer estar junto fora da empresa, e está tudo bem se for este o caso.

Por fim, encerro dizendo que, quando a realidade é cocriada no inconsciente coletivo, os funcionários se sentem em um ambiente seguro, inovador e colaborativo. Todo mundo cresce, todo mundo evolui.

Criando uma força de trabalho dinâmica e diversa
Dando sequência às ideias criadas a partir do exercício sobre as cinco disfunções de um time, sugeri outro bastante simples: listar atividades, atribuições e responsabilidades de cada posição (cargo) da equipe. Para algumas posições da empresa em geral, havia um documento de descrição de cargo que listava essas características, mas não tínhamos nada parecido para as do nosso time.

Realizar esse exercício foi muito elucidativo para que cada um soubesse quais eram suas responsabilidades. Parece, e de fato é, algo básico, mas nem todas as pessoas entendem conscientemente quais são suas atribuições, então a atividade traz clareza, consciência e alinhamento para os colaboradores.

Marquei uma reunião com o time e pedi a cada um que escrevesse o título da sua posição no quadro. Algumas pessoas, ainda que tivessem o mesmo cargo, escreveram títulos diferentes. Pode parecer estranho, mas essa percepção é mais normal do que parece.

Depois pedi a todos que escrevessem suas respectivas funções e responsabilidades em *post-its* e colassem no quadro embaixo do título do seu cargo. Solicitei que colocassem apenas uma responsabilidade por *post-it*, assim poderíamos movê-las e brincar com elas.

Lemos cada uma das atividades, atribuições e responsabilidades em voz alta, e o time votou nas que faziam mais sentido para cada posição. Depois, alinhamos os títulos, por exemplo, em vez de falar *"business support analyst* IT*"* decidimos chamar a posição de "IT *business analyst"*. Todos estavam de acordo.

Então, como criar uma força de trabalho dinâmica e diversa? Começando pelo início, ou seja, discutindo as coisas básicas e alinhando expectativas sobre elas, conforme praticamos no exercício. Fomentar esse tipo de discussão é extremamente importante para construir a base de um relacionamento forte e bem alicerçado. E trabalhar sobre essa base nos permite evoluir para algo mais honesto, transparente e profundo.

Se funciona assim em todas as áreas da vida, por que às vezes nos esquecemos disso quando falamos do ambiente de trabalho? Trasladar essas habilidades e competências da nossa vida pessoal para a profissional nos faz ir além. Pense em como você começa uma amizade e traga esses mesmos passos, essa mesma consciência e afeto, para sua vida profissional. Perceberá que é tudo sobre pessoas e relacionamentos.

Para complementar essas discussões, utilizamos uma ferramenta chamada GlobeSmart, da Aperian Global, cuja principal funcionalidade é mapear características e aspectos culturais da equipe, especialmente para times globais. Funciona assim: cada indivíduo do time responde um questionário com várias perguntas relacionadas a atitudes, formas de pensar e cultura, e no fim a ferramenta compila os dados de todas as pessoas e os cruza.

Analisamos os resultados para ver onde estávamos convergindo e divergindo entre nossas personalidades. Também discutimos o que poderíamos fazer para tornar as conversas mais assertivas e melhorar o ambiente profissional, e como poderíamos usar essas informações e conhecimento tão profundos para alavancar o trabalho que estávamos entregando aos nossos clientes.

Para fomentar essa conversa contínua, além dos exercícios realizados em reuniões separadas, tínhamos ainda as reuniões mensais de time, nas quais trazíamos temas que se conectassem com esse propósito. Sempre que possível, trazíamos perguntas para a mesa a fim de que todos pudessem dar sua opinião.

Um time se constrói dia após dia, conversa após conversa, e, para que a próxima camada de tijolos seja colocada, é necessário aplicar cimento e conectar as partes. Nesse caso, o cimento é o diálogo contínuo, pois somente ele possibilita o crescimento e a evolução.

Esses foram alguns exemplos de como utilizar exercícios e ferramentas que alavancam conversas profundas, mas existem vários outros que podem ser tão eficientes quanto esses. Cada time tem um perfil, e é necessário experimentar diversos modelos para entender qual se encaixa mais com você e seus liderados.

O líder atua como um construtor, aplicando e sendo a cola ao mesmo tempo, e é também um ourives que lapida diamantes. Para isso, é necessário conhecer e saber aplicar vários tipos de ferramentas, assim como ter paciência para aplicar o acabamento.

Analise:

→ Como os indivíduos do seu time percebem seus cargos?
→ O que eles entendem sobre suas responsabilidades principais?
→ Quais são as habilidades necessárias para desempenhar bem a sua função?
→ Como funcionam os relacionamentos de trabalho?
→ Quais são as condições de trabalho?

Um dos principais papéis do líder é alinhar expectativas individual e coletivamente para que cada colaborador saiba o real significado da sua função (o que, quem, quando, onde e por quê).

Missão: desenvolver *human skills* em um time técnico

Empresas contratam pessoas por suas habilidades técnicas e as mandam embora por suas habilidades comportamentais. Essa frase é bastante conhecida para quem trabalha no mundo corporativo e empresarial; mas, se sabemos disso, por que a grande maioria das organizações e dos líderes segue focando majoritariamente nas habilidades técnicas?

Por que boa parte dos líderes fala em desenvolver a parte técnica e não conversa, ensina e ajuda a desenvolver habilidades humanas e comportamentais? Ainda existem muitas crenças de que aprimorar a parte técnica é mais importante, principalmente no universo da tecnologia.

Se analisarmos a porcentagem de tempo que as pessoas dedicam ao desenvolvimento de habilidades técnicas × a que dedicam a habilidades humanas, as primeiras ganham consideravelmente. Esse posicionamento não é errado, mas acredito

Um dos principais papéis do líder é alinhar expectativas individual e coletivamente para que cada colaborador saiba o real significado da sua função (o que, quem, quando, onde e por quê).

que, quando ambas as características são trabalhadas juntas, as pessoas evoluem infinitamente mais.

Por exemplo, se uma pessoa estuda sobre organização e priorização do tempo e coloca os ensinamentos em prática na sua agenda, na forma de pensar e de executar o trabalho como um todo, isso vai torná-la mais produtiva e, consequentemente, ela terá mais tempo para investir na parte técnica.

Não há resposta certa de por onde começar e como fazer, mas existem diferentes perspectivas. Trarei uma para que avalie se funciona para você. Nesse caso, o importante é ter clareza e consciência sobre o que, como e onde você está investindo seu maior recurso, tempo e dedicação. Até porque existem habilidades comportamentais ou competências que influenciam outras que nem imaginávamos, e indiretamente acabamos inspirando positivamente comportamentos e obtendo ótimos resultados.

Comecei desenhando uma matriz de competências técnicas para o time e convoquei uma reunião. Revisamos e fomos adicionando as tecnologias de que os colaboradores precisavam saber para realizar o trabalho.

Também colocamos uma escala de um a cinco pontos representando níveis de conhecimento:

1. Pouco **2.** Bom **3.** Muito bom **4.** Excelente **5.** Avançado

Essa escala pode variar de acordo com o que o time considerar apropriado. Dentro de cada uma dessas classificações, adicionamos as atividades que correspondiam a seu respectivo nível. Exemplo: "bom" conhecimento em Java significava saber ler a programação. "Muito bom" significava desenvolver um comando específico sem ajuda, e "excelente" significava resolver qualquer tipo de problema. "Avançado" significava que a pessoa já estava ensinando outras.

Também adicionamos *human skills*: colaboração, comunicação assertiva, mindset ágil, proatividade, *accountability*, entre outras, ou seja, competências essenciais para realizar o trabalho e que também eram utilizadas no processo de performance anual de colaboradores.

Segue um exemplo muito básico, um pouco diferente do que apresentei na página 151:

Exemplo de *skill matrix*						
	Colaboração	Comunicação assertiva	Mindset ágil	Proatividade	Accountability	Outras
Nível 1	x					
Nível 2			x			
Nível 3		x				
Nível 4					x	
Nível 5				x		

Legenda	
Nível 1	Pouco
Nível 2	Bom
Nível 3	Muito bom
Nível 4	Excelente
Nível 5	Avançado

Depois de concluída a matriz, realizamos um exercício em que os funcionários se autoavaliaram com relação a cada uma das habilidades e competências. Na sequência, pedimos a cada pessoa que listasse seus objetivos de melhoria em relação ao que quisesse modificar. Exemplo: me classifiquei na categoria "bom" em C# (linguagem de programação).

Algumas perguntas úteis para reflexão:

→ O que falta para eu chegar a um "muito bom"?
→ Quais características e conhecimento preciso trabalhar e colocar em prática?
→ Em quanto tempo quero adquirir e praticar esse conhecimento?
→ Quais atividades realizarei para testar minha evolução?

Esse exercício pode ser feito com o time a cada três meses para revalidar a evolução das pessoas, o que se pode melhorar, quem pode compartilhar conhecimento com quem, quais áreas precisam ser revisitadas ou se é necessário bolar outra estratégia. Junto a cada competência, pode-se fazer um inventário de treinamentos on-line ou presenciais, artigos, livros e links para deixar como referência caso as pessoas queiram estudar e desenvolver habilidades.

Essa ferramenta é extremamente poderosa para ser aplicada com nossos times, pois com ela nós, líderes, conseguimos perceber onde cada indivíduo está na escala de conhecimento, além de onde o time se encontra como um todo em termos de maturidade de conhecimento. O líder pode utilizá-la para montar a estratégia de desenvolvimento de pessoas e do time sugerindo cursos, treinamentos e maximizando o potencial de cada um e da equipe como um todo.

Seguem outras perguntas para auxiliar o líder a analisar essa ferramenta e gerar insights valiosos:

- → Quantas pessoas precisam conhecer determinada tecnologia, área, competência ou habilidade? Quem pode ser o backup em caso de emergência?
- → Quais habilidades quero ajudar minha equipe a desenvolver?
- → Quando posso utilizar as informações obtidas com a matriz? Exemplo: encontros 1:1, reuniões de time e com clientes etc.
- → Sabendo quais habilidades cada pessoa tem, como posso distribuir trabalhos, tarefas e oportunidades de desenvolvimento que coincidam com o que os colaboradores querem desenvolver?
- → Quando houver uma oportunidade de desenvolvimento que se enquadre no perfil de duas ou mais pessoas, quais critérios analíticos utilizarei para atribuir essa atividade?

Pode-se utilizar essa matriz de habilidades e competências e gerar objetivos 5W2Hs para gerar planos de ação com objetivos realizáveis.

5W2Hs é um acrônimo usado para se referir a sete perguntas fundamentais que auxiliam na obtenção de informações completas e relevantes sobre determinado assunto. São:
1. What? (O quê?): refere-se à questão fundamental sobre o que está acontecendo ou sendo discutido. É importante obter uma compreensão clara do assunto em questão.
2. Who? (Quem?): pergunta sobre as pessoas ou partes envolvidas no assunto em análise. Isso inclui identificar as pessoas-chave, as partes interessadas e as partes afetadas pela situação.
3. When? (Quando?): busca informações sobre a cronologia dos eventos ou o tempo em que algo ocorre. É importante entender quando as ações ocorreram ou estão programadas para ocorrer.
4. Where? (Onde?): questiona o local ou o contexto em que o evento está ocorrendo ou irá ocorrer. Isso pode envolver tanto locais físicos quanto ambientes virtuais.
5. Why? (Por quê?): explora as razões, motivações ou causas por trás do evento ou situação. Compreender os motivos subjacentes ajuda a obter insights mais profundos e a tomar decisões informadas.

Além dessas cinco perguntas, algumas abordagens também incluem mais duas perguntas:
1. How? (Como?): questiona os métodos, processos ou meios pelos quais algo é realizado ou alcançado. Isso envolve entender os detalhes das ações, estratégias ou abordagens utilizadas.
2. How much? (Quanto?): pergunta sobre a quantidade, o custo, a escala ou a extensão de algo. Isso pode ser relevante em termos de recursos, investimentos, orçamentos, entre outros aspectos quantitativos.

As **5W2Hs** são frequentemente utilizadas no jornalismo, na resolução de problemas, na gestão de projetos e em outras áreas nas quais é necessário obter uma visão completa e detalhada de uma situação para tomada de decisões adequadas.

Autoconhecimento é poder, por isso quanto mais os colaboradores conhecem sobre si, melhor desempenham o trabalho e mais comprometidos estarão com seu próprio desenvolvimento.

Além disso, essa ferramenta é extremamente poderosa para o líder, pois dá uma visão 360 graus de onde cada indivíduo e o time se encontram, facilitando o planejamento estratégico e a visão de curto, médio e longo prazo. Incentivar os liderados a colocar em prática essas atividades, perguntar como estão indo e se sentindo, o que está faltando e se precisam de ajuda é o que um líder que cura faz.

Ajudar no processo e estar disponível para nossas pessoas é uma demonstração de afeto e comprometimento com a carreira dos nossos liderados. Isso é liderança que cura.

Estabelecendo o DNA cultural do time

Toda empresa tem sua cultura. Ela está presente na forma como as pessoas pensam, agem e, às vezes, até na maneira como se vestem. Mas cultura organizacional vai muito além do dito, pois está principalmente naquilo que não é, nos vieses inconscientes, nas conversas durante a pausa para o cafezinho e no racional por trás das decisões tomadas.

Como as pessoas analisam fatos, problemas, situações e tomam decisões em sua empresa? Quando decisões são tomadas, leva-se em conta o desenvolvimento de pessoas ou apenas as necessidades financeiras da organização? Ou ambos? Essa é uma questão complexa que nem sempre fica evidente, especialmente se os líderes e gestores não têm clareza e consciência das entrelinhas que interferem na sua tomada de decisões.

Vou dar um exemplo: certa vez, conversava com um gerente sobre contratação. Estávamos mais especificamente falando de um rapaz promissor, engajado e *high potencial* (termo que usávamos na empresa quando víamos potencial em uma pessoa) que foi chamado para trabalhar em outra empresa para ganhar um salário melhor, em dólares e fora do país.

O gerente me disse que o funcionário decidiu aceitar a proposta porque não o analisamos bem quando o contratamos e que deveríamos revisitar os critérios de contratação, pois tínhamos que dar preferência para contratações de pessoas que fossem casadas, tivessem família e precisassem do emprego.

Ele falou isso de forma tão sutil que, se eu não estivesse prestando atenção, nem perceberia o viés inconsciente daquele argumento. Aos olhos desse gerente, o rapaz era jovem, confiante e queria buscar oportunidades mais desafiadoras e que remunerassem melhor, mas se tivesse família e filhos para sustentar teria tomado uma decisão mais conservadora e não teria trocado de empresa. Será?

Além de ter julgado características pessoais, o que não devemos fazer de jeito nenhum, ele não percebia que o mercado estava extremamente aquecido na área de TI e que isso poderia acontecer com qualquer pessoa: solteira, casada, com família para sustentar ou não.

O gerente achou que, devido à importância e ao status de destaque da empresa no mercado, as pessoas iriam querer trabalhar eternamente lá, até se aposentarem, independentemente do que ele as mandasse executar.

O que fiz?

Conversei com algumas pessoas que haviam pedido demissão para entender os seus porquês e juntei dados como: solteiro, casado, com filhos, os motivos da saída (se foi pela questão salarial, por exemplo) e montei um estudo de caso com essas informações e dados. Não mostrei o que eu, Antonella, pensava, me ative aos fatos, que nesse sentido estavam bastante alinhados. Sabia que o gerente não entenderia claramente porque ainda estava muito ligado à cultura de que a empresa oferecia o melhor do mundo, mas em qual tempo? Em qual cenário? Será que as condições lá fora não tinham mudado porque o mundo mudou?

Ele fez perguntas, olhou para os lados, hesitou, mas a semente que eu queria plantar germinou: o gerente ficou pensativo. Sabia que ele não mudaria de opinião do dia para a noite, mas passaria a observar mais e a aprender mais com as novas situações que se apresentariam (e, sim, elas iriam se apresentar).

Os problemas são como cubos: podemos olhá-los desde vários ângulos. Nesse caso, ele estava olhando por um prisma enquanto eu estava me perguntando: "o que a empresa pode fazer melhor?", "o que os líderes podem melhorar?" ou "o que eu, como líder, posso oferecer ou fazer pelas pessoas?".

Outro exemplo de que podemos dispor para entender a cultura organizacional, o modus operandi de uma empresa e sua hierarquia envolve as seguintes reflexões: é necessário o aval de quantos líderes e gerentes para que uma decisão seja tomada (seja uma decisão simples, complexa, que envolva dinheiro, poucos ou muitos departamentos)?

Ou então, quando se quer implementar algo novo:

→ É preciso fazer lobby para ganhar apoiadores que se coloquem a favor de uma ideia?
→ É necessário trazer números e resultados para a discussão em vez de um bom discurso que visa primeiramente ao bem do ser humano? Qual é o equilíbrio existente entre esses dois pontos?
→ Existe facilidade e apoio quando há um problema real e é necessário fazer mudanças? Como as pessoas reagem à mudança?
→ Quais e quantos são os líderes *early adopters*?

Essa introdução serviu para detalhar e explicar que pessoas pensam de formas diferentes e que, por trás de pensamentos, atitudes e decisões, existe muito do que não vemos, crenças limitantes, vieses inconscientes, sabotadores, mas principalmente ego. Ego de querer ter a opinião levada em consideração o tempo todo. E isso é muito frequente em todos os tipos de empresas, mas principalmente naquelas que fomentam a competitividade acirrada em sua cultura e nas quais encontramos agendas escondidas nas falas das lideranças (como dizemos em inglês: *hidden agendas*).

Ajudar no processo e estar disponível para nossas pessoas é uma demonstração de afeto e comprometimento com a carreira dos nossos liderados. Isso é liderança que cura.

E então, é possível criar e gerenciar times inclusivos, diversos e inovadores mesmo em ambientes profissionais que não têm essas características?

Sim, é possível, mas com ressalvas. Afinal, trata-se de uma situação bastante complexa e que demanda muita energia. Se o ambiente é tóxico na alta gerência, o *middle management* ou a primeira linha de supervisão terá que blindar o time de alguma forma para não deixar chegar informações ou ações que possam desmotivar as pessoas.

Estabelecido esse contexto, que tal falarmos sobre times inclusivos, diversos e inovadores?

Se queremos criar uma equipe que converse livremente, precisamos entender como cada liderado pensa, interpreta conceitos e palavras e age. Sabe aquela história de que não existe bom senso? É bem isso, na verdade não existe mesmo. Às vezes, algo que parece tão banal para nós em termos de valores e princípios não é para o outro, então alinhar expectativas e interpretações é essencial para que o time tenha clareza do que é importante para ele, do que é ou não aceitável, do que é esperado de cada colaborador e do grupo como um todo.

E, para o que é esperado do time em termos de comportamento, existe um exercício chamado código cultural, que nada mais é que desenhar o conjunto de atitudes a serem seguidas, as quais serão definidas pela própria equipe. Essa ferramenta tem o objetivo de tornar as pessoas empoderadas a ponto de exporem o que pensam, quais comportamentos acham importantes e o que cada um deles significa.

Esse tipo de discussão propicia clareza para definir direção, estratégia e objetivos que o time quer alcançar, assim como dá liberdade para os colaboradores pensarem por si mesmos e mostrarem suas competências. O resultado de fazer esse exercício e dar manutenção a ele é uma equipe engajada, que se auto-organiza e está em constante evolução. No mundo corporativo em geral, estamos acostumados a que nos digam o que precisamos fazer, além de como e quando. Assim, trazer essa reflexão para o time muitas vezes é um choque, pois alteramos as perguntas para: o que *eu*, como colaborador, posso fazer para contribuir com o time? O que o time pode fazer em vez de apenas receber ordens?

Em um primeiro momento como líder, apresentei ao time comportamentos que eu gostaria que a equipe tivesse, afinal, foi assim que aprendi com a cultura na qual estava inserida. Em um segundo momento, e aprendendo com a experiência da liderança, aos poucos percebi que, para criar uma cultura livre e empoderadora, precisaria trazer autonomia para o time, para que dessa forma os colaboradores expressassem suas ideias.

Empoderar pessoas é dar liberdade para elas tomarem as próprias decisões, avaliando os prós e os contras de cada hipótese e escolhendo um caminho a seguir. Às vezes, isso é assustador, pois não é o trajeto que estamos acostumados a trilhar, e, se não conhecemos determinada rota, podemos nos deparar com coisas que nunca vimos antes. O que ninguém nos conta é que isso pode acontecer mesmo quando achamos que temos o controle. A grande verdade da vida é que não controlamos nada.

A atividade a seguir é realizada em empresas como Netflix e Google e em várias outras ao redor do mundo, e foi adaptada após vários experimentos para que você a utilize e extraia o melhor do seu time.

Vale ressaltar que ela propicia excelentes resultados nas organizações, pois engaja o time como um todo, assim as pessoas sentem que são mais ouvidas e compreendidas, e que podem contribuir. E empresas que têm colaboradores e lideranças engajadas se tornam 300% mais criativas, 200% mais inovadoras, geram 24% a mais de receita e têm uma redução de 55% nas demissões.[3]

Vamos fazer o exercício?

---

[3] Levantamento feito pela American Society for T&D 2021 (Universidade da Califórnia) publicado pela *Harvard Business Review*.

Exercício DNA cultural
Pode ser feito de modo presencial com o auxílio de um quadro negro ou virtualmente, por Zoom ou similares. No caso de dinâmicas on-line, pode-se usar ferramentas como JamBoard, Miro, entre outras.

1. Peça ao time que escreva vários comportamentos que queira cultivar e desenvolver nos próximos três ou seis meses.
2. Discuta o que significa cada um desses comportamentos. Exemplo: se o time escreveu "inovação", pergunte ao grupo: o que é "inovação" para você?

Seguem algumas possíveis respostas que a equipe pode dar a propósito do conceito de inovação:

→ Reconceitualizar problemas para descobrir soluções.
→ Desafiar hipóteses e a forma como pensamos nos problemas para sugerir melhores abordagens.
→ Diminuir complexidade e encontrar tempo para simplificar.

É importante que o líder ou quem esteja liderando a discussão peça exemplos práticos sobre cada frase e faça notas em um lugar no qual todos possam acessar essa informação posteriormente.

3. Organize uma votação para que a equipe defina os comportamentos prioritários. Podem ser selecionados de três a seis comportamentos, dependendo da vontade do time.
4. Peça ao time que dê uma nota que reflita a realidade atual dos comportamentos escolhidos. Pode-se usar uma escala de um a cinco, sendo um a menor nota e cinco a maior.
5. Pergunte ao grupo onde quer chegar nos próximos três ou seis meses e o que significa chegar lá. Peça exemplos das ações que o time desempenhará e em quais momentos.
6. Documente todo o exercício e marque *checkpoints* com o time para acompanhar a evolução das atividades. No início, o acompanhamento das ações pode ser mensal ou bimes-

tral, e depois dos três ou seis meses a equipe deverá decidir, junta, uma nova periodicidade.

Essa ferramenta é extremamente poderosa se o líder souber usá-la e aproveitar todos os insights que ela pode gerar. O líder pode ressaltar esses comportamentos nas reuniões de time e nos encontros 1:1, fazendo perguntas assertivas aos indivíduos, elogiando quando vê esses comportamentos e provendo feedback na ausência deles em determinadas situações. Também pode pedir ao *team lead* ou ao *scrum master* (no caso de times ágeis) para conversar com o grupo.

Como já comentei ao longo do livro, conhecimento é poder. E utilizá-lo a fim de dar voz a quem executa o trabalho e sabe como realizá-lo traz benefícios incríveis para um time e para as organizações como um todo. Propiciar discussões profundas aproxima as pessoas e os líderes, resultando em uma tomada de decisão mais democrática e plural.

Diversidade, Equidade e Inclusão como pauta de diálogos e reuniões nas empresas

Para mim, uma das melhores frases que definem Diversidade, Equidade e Inclusão (DEI) e o sentimento de pertencimento no ambiente profissional é: "Diversidade é ser convidado para a festa, inclusão é ser chamado para dançar e pertencer é dançar como se ninguém estivesse olhando", de autoria de Vernã Myers, advogada formada em Harvard, expert em DEI, autora de livros best-seller em DEI e vice-presidente da área de inclusão da Netflix de 2018 a 2023.

> Os conceitos Diversidade, Equidade e Inclusão (DEI) estão relacionados a práticas e políticas destinadas a promover um ambiente de trabalho ou comunidade mais justo, igualitário e inclusivo.

→ **Diversidade**: refere-se à presença de pessoas de diferentes origens, identidades, características e perspectivas dentro de uma organização ou grupo. Isso inclui diversidade em termos de raça, etnia, gênero, orientação sexual, idade, habilidades, origem socioeconômica, entre outros aspectos. A diversidade reconhece e valoriza a variedade de experiências e perspectivas que as pessoas trazem para o ambiente em que estão inseridas.

→ **Equidade**: diz respeito à criação de condições justas e imparciais para todas as pessoas, independentemente de suas diferenças. Enquanto a igualdade trata todos de forma igual, a equidade busca reconhecer as desigualdades existentes e fornecer recursos adicionais ou ajustes necessários para garantir que todos tenham acesso e oportunidades justas.

→ **Inclusão**: refere-se à criação de um ambiente onde todas as pessoas se sintam valorizadas, respeitadas, acolhidas e incluídas plenamente. A inclusão envolve a promoção de uma cultura de respeito, empatia, colaboração e participação ativa de todos os membros, bem como o esforço contínuo para garantir que todas as vozes sejam ouvidas, que as pessoas sejam tratadas com dignidade e que todos tenham oportunidades iguais para contribuir e prosperar.

A abordagem DEI é adotada por organizações e comunidades em diferentes contextos, como o local de trabalho, a educação, o setor público e o setor sem fins lucrativos. Ela busca combater a discriminação, promover a igualdade de oportunidades e criar ambientes mais inclusivos, onde todos possam se sentir valorizados e ter a chance de alcançar seu pleno potencial.

Diversidade é trazer perspectivas diferentes para dentro das empresas, e inclusão é fazer com que essas perspectivas sejam ouvidas, aceitas e se tornem naturais nos espaços e nos diálogos. E, até que o processo aconteça naturalmente, é necessário trocar ideias e dialogar para alinhar expectativas. No início, as conversas costumam gerar incômodo, pois quando falamos em DEI e sobre grupos minorizados sempre há silêncios constrangedores ou opiniões divergentes que provocam fortes reações nos interlocutores. Presenciei muitas vezes esse tipo de cena.

Além do diálogo, é necessário trazer a empatia e a compreensão para a mesa a fim de que se chegue a um ponto em comum, tanto por parte de quem está trazendo uma nova perspectiva como por parte de quem está assimilando uma nova ideia.

Se as coisas sempre foram feitas da mesma maneira e de repente vem alguém e diz que é preciso mudar, como as pessoas se sentem? Geralmente desconfortáveis e com o pensamento: mas por que preciso fazer diferente? Por que preciso sair da zona de conforto? Se funcionou até agora, deveria continuar funcionando...

Nesse caso, não podemos querer que o outro aceite nossa verdade, ou seja, não podemos impô-la se queremos promover um ambiente seguro. Devemos buscar acolher esse indivíduo de alguma maneira. Precisamos gerar um ambiente onde mesmo quem tem opiniões contrárias às nossas possa se expressar livremente. Complexo? Muito!

E como acolher? Tudo começa com a escuta empática. E trata-se de realmente ouvir a opinião do outro, sem preconceitos, sem vieses inconscientes, para construir um diálogo profundo e real. Diálogo significa escutar, digerir, acrescentar algo com base em experiências passadas, e não apenas aceitar um lado da história. Na prática, isso significa que se uma pessoa traz "A" e outra "B", o resultado da conversa poderia ser "C", como se fosse uma *joint venture*. Foram exatamente os exemplos que trouxe na história sobre a Teoria U. Talvez agora seja o momento de relê-la para conectar ambos os conteúdos.

Estamos em constante transformação e por muito tempo vivemos em um mundo preso a paradigmas, a formas de ser para se encaixar nos padrões implícitos da sociedade e das normativas sociais. O resultado desse modus operandi são preconceitos, vieses inconscientes e injustiças sociais que desfavoreceram os interesses e as opiniões de grupos minorizados. É um sistema que favorece poucos e no qual poucos são realmente aceitos e validados como reais, de sucesso, aceitos genuinamente.

A boa notícia é que o mundo está mudando. Estamos vivendo muitos movimentos de transformação, e as redes sociais e mídias têm possibilitado essa disseminação e aproximação de conhecimento e pessoas. Também há mais eventos, livros, cursos, entre outros, que estão trazendo à tona consciências e assuntos que antes eram incômodos e agora começam a se tornar comuns em conversas, empresas, ambientes profissionais e na vida.

Como líder, é necessário estar atento às diferenças, compreendê-las e propiciar um espaço onde sejam aceitas. Por mais que nos esforcemos, é uma tarefa complexa. Afinal, quem consegue ver todos os lados de um cubo ao mesmo tempo? Podemos, sim, colocar a empatia em ação, fazer perguntas para compreender e assimilar questões; mas e olhar todo o espectro? É difícil, mas é um começo.

Os líderes desempenham um papel extremamente importante nesses movimentos, trazendo diálogos inclusivos para as equipes e dando luz a conversas que talvez nunca teriam sido elucidadas, discutidas e digeridas. Isso é praticar o estado de presença, nosso e das pessoas ao redor.

Para criar essa cultura inclusiva, podemos começar com algo pequeno, trazendo discussões a nossos times para que os indivíduos expressem opiniões e pensamentos. Incluir é celebrar as diferenças e dar abertura para que elas aconteçam. Segundo estudos da McKinsey,[4] a inclusão nas empresas se traduz em três estágios:

→ Abertura: é seguro expressar pensamentos, ideias e preocupações.

---

[4] DIXON-FYLE, Sundiatu et al. *Diversity wins: How inclusion matters*. McKinsey & Company. Disponível em: <https://www.mckinsey.com/featured-insights/diversity-and-inclusion/diversity-wins-how-inclusion-matters#/>. Acesso em: 27 set. 2023.

→ Equidade: senso de justiça verdadeira.
→ Pertencimento: os colaboradores compartilham uma conexão positiva entre si e com a organização.

Para construir esse ambiente aberto e inclusivo e propiciar discussões profundas, pedi ao comitê interno de Inclusão e Diversidade da empresa onde trabalhava que trouxesse um exercício sobre questões de gênero, inclusão e diversidade para discutir com o meu time.

Esse comitê realiza um trabalho incrível no que tange à conscientização de vieses inconscientes e queria que trouxesse uma pauta para fomentar esse espaço de troca e aprendizado, assim como abrir as mentes das pessoas. Quanto mais abertos somos a todo tipo de ideia, perspectiva e culturas, mais aceitamos as pessoas como elas são. Também nos tornamos mais colaborativos e criativos, e para que um time seja verdadeiramente coeso essa prática pode ser muito valiosa para ampliar horizontes e aproximar realidades e vivências diferentes.

O exercício funcionou da seguinte maneira: duas pessoas do comitê lideraram uma dinâmica de quarenta minutos com perguntas e respostas. Elas faziam as perguntas e o time tinha alguns minutos para refletir e compartilhar suas opiniões. Depois, os membros do comitê traziam seu ponto de vista, complementando a discussão com mais informações, dados ou explicações. A seguir, seguem exemplos de perguntas e respostas que podem direcionar uma dinâmica como essa:

Quais são as normas socioculturais e legais em relação à demonstração de afeto em público por casais do mesmo sexo ou gênero?
R) Em muitas sociedades, casais do mesmo sexo ou gênero têm o direito de expressar afeto em público da mesma forma que casais heterossexuais. Embora as normas sociais possam variar, é importante destacar que as leis de proteção aos direitos humanos e à igualdade geralmente se aplicam igualmente a todas as formas de afeto em espaços públicos.

Qual é a melhor abordagem ao lidar com piadas sobre pessoas da comunidade LGBTQIAPN+?
R) É importante reconhecer que piadas desse tipo podem perpetuar estereótipos e preconceitos, e devem ser desencorajadas. Se você se deparar com uma piada desse teor, uma abordagem construtiva é ajudar a pessoa responsável pela piada a refletir sobre o impacto prejudicial que ela pode ter. Incentive o diálogo aberto e respeitoso, buscando promover maior compreensão e empatia em relação às experiências da comunidade LGBTQIAPN+.

O que é nome social? É permitido que um colaborador o utilize no crachá da empresa?
R) Nome social é o nome pelo qual uma pessoa transgênero ou não binária escolhe ser chamada e reconhecida. Ele reflete sua identidade de gênero independentemente do nome legalmente atribuído no nascimento.

O nome social é uma forma de permitir que pessoas transgênero e não binárias sejam identificadas e tratadas de acordo com sua identidade de gênero, evitando constrangimentos e desconfortos causados pelo uso do nome de registro que não corresponde à sua identidade. É uma importante ferramenta para promover a inclusão e o respeito às identidades de gênero diversas.

Em muitos casos, as pessoas transgênero ou não binárias podem solicitar a utilização do nome social em documentos, formulários, crachás, registros internos de empresas e instituições, bem como em situações cotidianas, como em ambientes educacionais ou de atendimento médico. O nome social é reconhecido como uma forma de garantir o direito à autodeterminação de identidade de gênero e contribuir para a inclusão e a igualdade de direitos para todas as pessoas.

Qual é a política adequada para determinar qual banheiro uma pessoa trans deve utilizar?
R) Uma política inclusiva e respeitosa é permitir que o colaborador utilize o banheiro condizente com sua identidade de gê-

nero. Isso significa que uma pessoa transgênero deve ter o direito de utilizar o banheiro que corresponda à sua identidade de gênero, independentemente do sexo atribuído no nascimento. Essa prática visa garantir a dignidade, a segurança e a inclusão de pessoas transgênero no ambiente de trabalho seguindo as diretrizes de igualdade e respeito aos direitos humanos.

Quais são as diversas identidades de gênero e orientações sexuais que existem?

BISCOITO DE GÊNERO[5]

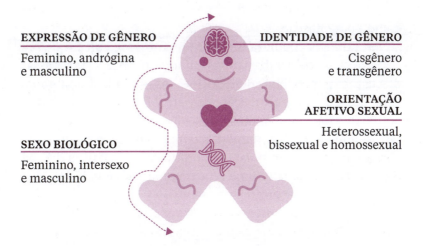

EXPRESSÃO DE GÊNERO
Feminino, andrógina e masculino

IDENTIDADE DE GÊNERO
Cisgênero e transgênero

ORIENTAÇÃO AFETIVO SEXUAL
Heterossexual, bissexual e homossexual

SEXO BIOLÓGICO
Feminino, intersexo e masculino

A LGBTQIAPN+fobia é crime no Brasil?
R) Por mais que a Constituição Federal Brasileira determine que a lei deve punir qualquer discriminação atentatória dos direitos e liberdades fundamentais, não há ainda uma legislação específica que criminalize a homofobia no Brasil. No entanto, o Supremo Tribunal Federal (STF) decidiu, em 2019, que casos de

---

5   Biscoito de gênero. In: *Guia da diversidade LGBTQIAPN+*. Prefeitura do Rio de Janeiro. Disponível em: <https://www.multirio.rj.gov.br/media/ceds/index.php?pag=apresentacao>. Acesso em: 26 jan. 2024.

homofobia e transfobia se aplicavam na lei que trata do racismo, fazendo, assim, com que a homofobia seja considerada crime.

Fazer um exercício como esse foi muito enriquecedor, pois cada colaborador trouxe sua visão e opinião. Todos nos expressávamos quando não sabíamos alguma resposta e perguntávamos a quem estava liderando a atividade qual era a forma ou o termo correto ao falar sobre determinadas questões.

Além de tratar sobre respeito, cultura, liderança, pertencimento, equidade, igualdade, lugar de fala, propósito, criatividade e inovação, praticar a diversidade e a inclusão nas empresas é uma ótima oportunidade para fortalecer tanto as pessoas como a organização.

Para que os colaboradores entendam essa cultura de respeito, aceitação e acolhimento, os líderes precisam trazer essas discussões para o time, além de tratá-las individualmente com cada pessoa. Isso é educação, respeito, ética, liderança, tudo aquilo que não aprendemos na escola.

Ademais, clientes, parcerias comerciais e todos que têm contato com uma empresa que pratica a inclusão e a diversidade se beneficiam de uma cultura organizacional inclusiva, diversa e que gera pertencimento.

DEI é trazer diferentes pontos de vista para os inúmeros processos do ambiente de trabalho, conversas e tomadas de decisão, principalmente no que diz respeito a recrutamento, retenção (ou fidelização) e desenvolvimento de talentos em gênero, idade, etnia, raça, cor, orientação sexual, religião, além de diversidades cognitivas, intelectuais, físicas, linguísticas, de experiências, de backgrounds e tantas outras.

Diz-se que o quadro funcional de colaboradores de uma empresa deveria refletir as condições da população, ou seja, se temos cerca de 51% de mulheres no país, teoricamente as empresas também deveriam ser compostas dessa forma. Uma utopia, obviamente, afinal, mulheres acabam tendo menos oportunidades, chegam menos a cargos de liderança e ganham menos que homens. E esse é somente um exemplo de um grupo minorizado que é maioria, mas que ainda sofre preconceito na sociedade.

À medida que as organizações vão evoluindo nessas conversas, começam a trazer esse olhar plural e inclusivo em tudo o que fazem: no discurso, nas ações, no mindset e nos processos.

Se queremos trazer profundidade ao tema de DEI, precisamos falar da forma como nossa sociedade foi e tem sido estruturada e de como podemos ajudar a corrigir anos de injustiça social, ou seja, devemos abordar as raízes do problema e entender nosso papel e posicionamento para mudar essa realidade.

Reforço de cultura positiva através do elogio: um caminho saudável

Tive o prazer de conhecer e trabalhar com muitos líderes incríveis, mas dentre eles quero mencionar uma gerente fantástica chamada Linda. Ela é estadunidense, preta, tem tranças no cabelo que vão até o fim das costas, estratégica e dona de um carisma inspirador. Participei de algumas reuniões com ela e gostava muito da forma como se expressava, pois sempre tinha um comentário inteligente, uma pergunta profunda, um elogio. Nem a conhecia e já a admirava pela positividade que levava aos ambientes.

A tradução de "positividade" para a linguagem do mundo corporativo e para pessoas mais analíticas é: empatia, atenção e cuidado com as pessoas, escolha de palavras assertivas, dar voz a todos e todas e ouvir de verdade as opiniões, acolhendo-as da melhor maneira possível. Enfim, ações que demonstram uma liderança servidora.

Ela era par de um antigo gerente meu, e certo dia marcou uma reunião 1:1 para me conhecer. Perguntou o que eu gostava de fazer, ler e quais eram meus hobbies. Minha vontade era conversar com ela por horas, pois sua cultura era extremamente vasta e tínhamos hábitos de leitura parecidos. O diálogo foi aberto porque ela tinha uma habilidade extremamente refinada de nos fazer sentir bem como somos, sem os filtros inconscientes que determinam o que se deve ser (ou parecer) no mundo corporativo. Isso abria canais de comunicação transparentes e honestos, do jeito que gosto.

O grande insight depois do nosso encontro foi que, quando não percebo um ambiente seguro, acabo me fechando dentro do casulo e, muitas vezes, ao conhecer altas lideranças, era o que eu fazia. Acabava me controlando para não falar dos livros de que gostava, da crença de que a liderança deveria ser empática e inspiradora, da vulnerabilidade que eu queria criar nos ambientes — e com ela tudo isso era possível. Passei a entender a real importância que esse tipo de relação transparente tem para mim, o que me fez analisar: "Mas o que ela faz para deixar as pessoas tão à vontade para compartilharem sua essência?".

Minhas conclusões foram:

- → O tom de voz dela é suave, cálido, acolhedor, carinhoso e atencioso, assim como o seu olhar. Ao conversar, ela demonstra que se importa em saber quem somos de verdade e que não está perguntando somente para cumprir tabela.
- → Pergunta nossa opinião e o que queremos fazer em relação a determinada situação. Ela nos ajuda a chegar lá em vez de dar a resposta pronta.
- → Incentiva o pensamento criativo perguntando: "O que você gostaria de fazer nessa situação?".
- → Ela vê o melhor das pessoas mesmo em uma conversa rápida e ressalta isso no diálogo. Através desses elogios, empoderava pessoas.

Ela é uma líder servidora e acolhedora, acredita na importância de atitudes como essas. Mas vale ressaltar que talvez esse estilo de liderança não se aplique a todos, pois existem pessoas que são mais analíticas, talvez mais sérias, que podem não gostar desse estilo mais afetuoso e colaborativo — inclusive podem achar esse comportamento tóxico.

Portanto, deixo aqui reflexões para você, leitor que passou comigo por tantas histórias de vida e por questionamentos que trouxe neste livro, se perguntar:

- Será que existe algum ambiente profissional no qual podemos ser 100% quem somos na nossa essência ou sempre teremos que nos adaptar ao meio?
- Quem deve construir a ponte? Líderes ou liderados? Ou ambos? E em qual momento cada um deve fazer sua parte?
- Nesse sentido, qual é o papel que você quer adotar?

E, se líderes que curam são pessoas normais fazendo o extraordinário, qual é o seu extraordinário?

CONSIDERAÇÕES FINAIS

Este livro é um chamado à ação e à transformação. Ao longo das páginas, exploramos como a liderança pode ser um poderoso instrumento de cura, tanto para os líderes como para suas equipes e organizações.

Neste ponto final da jornada, somos lembrados de que a cura começa de dentro para fora. Um líder que busca a cura pessoal, que se conecta com sua autenticidade e propósito mais profundo, tem o potencial de inspirar e guiar outros a fazerem o mesmo.

A cura também é uma jornada coletiva. À medida que líderes cultivam uma cultura de confiança, empatia e cuidado mútuo, criam espaços seguros onde as pessoas podem ser vulneráveis, crescer e se desenvolver. Essa abordagem transformadora não apenas melhora o bem-estar dos indivíduos, mas também impulsiona o desempenho e a inovação das equipes.

Portanto, a conclusão do livro nos convida a refletir sobre o tipo de líder que desejamos ser. Podemos escolher ser líderes que promovem a cura, que valorizam o potencial humano e que trabalham para construir organizações mais saudáveis e sustentáveis.

Ao encerrar estas páginas, somos incentivados a trazer as lições aprendidas para nossas próprias vidas e práticas de liderança. Que possamos ser líderes que curam, que inspiram e que transformam, contribuindo para um mundo onde a cura seja um elemento essencial em todos os aspectos da nossa jornada.

AGRADECIMENTOS

Agradeço a todas as mentoras, mentores e amigos que tive o prazer de conhecer e que tocaram minha vida com ensinamentos, histórias, exemplos e força para seguir adiante mesmo quando parecia impossível alcançar meus sonhos. Obrigada por tanto, afinal, somos pessoas comuns fazendo o extraordinário diariamente.

Obrigada a Karen Rebello, Annah Mascarenhas, Priscilla de Sá e a todos os professores que a vida me trouxe.

Obrigada a Bruno Tessari, por me ensinar o real valor do amor e da parceria, por nos aceitarmos exatamente como somos e por estarmos construindo a grande história de amor que sempre sonhamos.

Afinal, viver é para os corajosos, como diz uma das minhas grandes mentoras.

Gratidão.

REFERÊNCIAS

AARON, Elaine N. *Pessoas altamente sensíveis: Como lidar com o excesso de estímulos emocionais e usar a sensibilidade a seu favor.* São Paulo: Sextante, 2021.

BAUMEISTER, Roy. *The Power of Bad: And How to Overcome It.* London: Penguin, 2019.

BROWN, Brené. *A coragem para liderar: Trabalho duro, conversas difíceis, coração pleno.* Rio de Janeiro: BestBolso, 2019.

CHAMINE, Shirzad. *Inteligência positiva. Por que só 20% das equipes e dos indivíduos alcançam seu verdadeiro potencial e como você pode alcançar o seu.* São Paulo: Fontanar, 2013.

DIXON-FYLE, Sundiatu et al. *Diversity wins: How inclusion matters.* McKinsey & Company, 2020. Disponível em: <https://www.mckinsey.com/featured-insights/diversity-and-inclusion/diversity-wins-how-inclusion-matters#/>. Acesso em: 27 set. 2023.

DWEK, Carol S. *Mindset: A nova psicologia do sucesso.* São Paulo: Objetiva, 2017.

EURICH, Tasha. "What Self-Awareness Really Is (and How to Cultivate It)". *Harvard Business Review*. Janeiro, 2018. Disponível em: <https://hbr.org/2018/01/what-self-awareness-really-is-and-how-to-cultivate-it>. Acesso em: 22 set. 2023.

FAIRHEAD, Tyrrel. *Madiba Mindset: Your Own Freedom Charter.* Johanesburgo: Jacana Media, 2011.

GILBERT, Elizabeth. *A grande magia.* São Paulo: Objetiva, 2015.

GLADWELL, Malcolm. *Fora de série — Outliers: Descubra por que algumas pessoas têm sucesso e outras não.* Rio de Janeiro: Sextante, 2013.

GRIFFITHS, Sarah. "Viés de negatividade: por que os efeitos das críticas duram muito mais do que os dos elogios". *BBC Future*. Julho, 2022. Disponível em: <https://www.bbc.com/portuguese/vert-fut-62037524>. Acesso em: 12 jan. 2023.

LALOUX, Frederic. *Reinventando as organizações: Um guia para criar organizações inspiradas no próximo estágio da* consciência humana. Curitiba: Voo, 2017.

LEONCINI, Patrick. *Os 5 desafios das equipes: Uma história sobre liderança.* Rio de Janeiro: Sextante, 2015.

NADAL, M. Victoria S. "Ambiente ruim de trabalho é contagioso: Ciência confirma que dependemos das conexões com outras pessoas para poder modelar nossos estados de ânimo". *El País Brasil,* agosto, 2018. Disponível em: <https://brasil.el-pais.com/brasil/2018/08/14/actualidad/1534258933_908157.html>. Acesso em: 28 ago. 23.

RIES, Eric. *A startup enxuta.* Rio de Janeiro: Sextante, 2019.

SINEK, Simon. *Comece pelo porquê.* Rio de Janeiro: Sextante, 2018.

GLOSSÁRIO

Agile coach: Profissional especialista em metodologias ágeis, que atua como facilitador para as equipes de desenvolvimento.

Brainwriting: Técnica na qual cada membro da equipe criativa escreve suas ideias, sem falar, e depois as compartilha ao grupo. Essa técnica permite que todos participem sem pressão e/ou influência de terceiros.

Branding: Branding é um conjunto de ações que seguem o posicionamento, propósito e valores de uma marca, a fim de criar conexões emocionais capazes de influenciar a escolha do cliente na hora da compra.

Business case: Documento que justifica um projeto ou investimento usado para avaliar sua viabilidade antes da implementação, com detalhes quanto aos objetivos, benefícios, custos, riscos e as alternativas.

Customer-centric: Estratégia que busca priorizar o consumidor em todas as decisões da empresa.

Daily meetings: Breves reuniões diárias da equipe de desenvolvimento, que visam sincronização, planejamento, transparência, comunicação e colaboração entre todos os membros, ocorrendo geralmente no início da jornada de trabalho no mesmo horário e local.

Early adopter: Pessoa que utiliza novas tecnologias, produtos ou ideias em seus estágios iniciais de desenvolvimento. É aberta a mudanças e está disposta a assumir riscos ao adotar algo novo, mesmo que em cenários de incertezas.

Edtech: Empresa de tecnologia que oferece soluções educacionais, como cursos on-line, jogos educativos, plataformas de ensino, sistemas de gestão de aprendizado, entre outras.

Employer branding: Processo estratégico cujo propósito é criar e fortalecer a imagem e a reputação de uma empresa como um lugar atraente para trabalhar.

ESG: Sigla em inglês para Environmental, Social and Governance (Ambiente, Social e Governança, em português), é o ESG um conjunto de padrões e práticas usadas para medir a sustentabilidade de uma organização, avaliando se ela é socialmente consciente, sustentável e com boa governança.

Fit cultural: Alinhamento do colaborador aos valores e à missão da empresa, para além de suas habilidades interpessoais e técnicas.

Golden Circle: Modelo em formato de círculo, adotado por lideranças, que visa responder a três perguntas: "por quê" (propósito), "como" (processo) e "o quê" (produto/serviço). Esse modelo destaca a importância de ter um propósito claro para inspirar e guiar as ações da empresa.

Hard skills: Habilidades técnicas adquiridas a partir de formações tradicionais, como cursos, treinamentos e workshops. São competências práticas que ajudam o profissional a garantir a execução de suas funções.

Human skills: Outra nomenclatura para soft skills.

Leader mindset: Termo empregado para se referir ao mindset de um líder, responsável por vislumbrar oportunidades, antecipar desafios e desenvolver planos eficazes para alcançar os objetivos organizacionais.

Leadership lab: Programa voltado ao desenvolvimento de lideranças por meio de atividades práticas e em situações reais.

Lean startup: Metodologia para a criação e gestão de startups desenvolvido por Eric Ries em seu livro *A startup enxuta*. Seu método tem como objetivo validar de maneira ágil hipóteses de negócio por meio da experimentação e do aprendizado, valorizando a criação de produtos mínimos viáveis (MVPs) para testar ideias no mercado, com foco em aprender com os feedbacks dos clientes e iterar rapidamente para aprimorar o produto.

Lifelong learning: Termo usado para se referir ao "aprendizado ao longo da vida". Trata-se de um conceito que preconiza a educação contínua.

Market share: Refere-se à fração do mercado controlada por uma empresa, bem como ao seu nível de participação mercadológica medido a partir do número vendas de determinado produto.

Mastermind: Descreve grupos que se reúnem para compartilhar conhecimentos, aprendizados e experiências, com o objetivo de alcançar uma meta comum.

Mindset: Conjunto de crenças que molda a visão de mundo de um indivíduo, de forma a influenciar seus pensamentos, sentimentos e ações.

OKRs: Do inglês, Objectives and Key Results (objetivos e resultados-chave), trata-se de um framework empregado para estabelecer metas e acompanhar o progresso em direção a essas metas. Os OKRs são amplamente utilizados em empresas e organizações para alinhar as equipes em torno de objetivos comuns e promover a transparência e a responsabilidade.

Outlier: Pessoa, grupo ou evento que está significativamente distante da média ou do padrão esperado.

People pleaser: "Aqueles que agradam demais", em tradução livre, é um termo atribuído a pessoas que têm uma forte necessidade de agradar e buscar a aprovação dos demais, muitas vezes em detrimento das suas próprias necessidades e desejos.

Perfil DISC: Ferramenta de avaliação psicométrica mais utilizada no mundo que visa descrever traços comportamentais de uma pessoa a partir de insights sobre suas características, motivações, pontos fortes e áreas de desenvolvimento. Ela é baseada na teoria DISC, que identifica quatro principais estilos comportamentais: Dominância (D), Influência (I), Estabilidade (S) e Conformidade (C).

Pipeline: Trata-se de um fluxo contínuo de trabalho projetado para promover a automação, a colaboração entre equipes e a entrega de valor ao cliente de forma eficiente. É composto de várias etapas interconectadas que facilitam a entrega ágil e iterativa de funcionalidades ou atualizações de software.

Product owner: Pessoa responsável por representar os interesses de stakeholders e garantir que o produto atenda às necessidades do cliente e agregue valor ao negócio. Ela desempenha um papel crucial na definição da direção do produto, garantindo a entrega contínua de valor e colaborando estreitamente com a equipe de desenvolvimento e os stakeholders.

Projeto waterfall: Também conhecido como modelo cascata, trata-se de uma abordagem de gerenciamento de projetos que segue uma sequência linear de atividades. O modelo recebe esse nome porque o progresso do projeto flui de forma descendente, como uma cascata. Nos últimos anos, abordagens ágeis (scrum, kanban, entre outras) têm ganhado popularidade como alternativas mais flexíveis e interativas para o gerenciamento de projetos.

Safety & Security: Termo ligado à proteção e garantia da segurança física, mental e emocional das pessoas, bem como à proteção de ativos, informações e infraestrutura contra ameaças, riscos e danos.

Scrum: Estrutura (framework) ágil para gerenciamento de projetos, caracterizado por iterações curtas (sprints), reuniões diárias de acompanhamento (daily stand-ups) e foco na entrega incremental e flexível de produtos ou serviços.

Scrum master: Responsável por garantir que a equipe que adota a metodologia ágil entenda e siga os princípios e práticas do scrum, além de facilitar o processo e remover possíveis obstáculos.

Skill: Habilidade.

Skill matrix: Ferramenta usada para mapear habilidades e competências de uma equipe, ou para identificar lacunas de habilidades que precisam ser desenvolvidas.

Soft skills: Habilidades interpessoais e comportamentais que influenciam a forma como as pessoas se relacionam e lidam com situações no trabalho, entre elas, comunicação, trabalho em equipe, liderança e resolução de problemas.

Sprint: Trata-se de uma unidade básica em trabalhos de metodologias ágeis, com duração limitada e foco na entrega de funcionalidades. Os sprints permitem trabalho iterativo e incremental, entrega de valor em intervalos regulares, além de feedback contínuo dos stakeholders. Promovem transparência, colaboração e capacidade de resposta a mudanças, facilitando a adaptação e melhoria contínua do produto e/ou do serviço.

Stakeholders: Grupos e/ou indivíduos com interesse em projetos, atividades e resultados de uma organização.

Storytelling: Em marketing, trata-se da técnica usada para contar histórias de maneira persuasiva, a partir de narrativas envolventes e/ou recursos midiáticos. Com ela, é possível promover negócios, vender serviços ou mesmo prestar consultorias.

Team lead: Líder de equipe responsável por orientar, coordenar e gerenciar as atividades e membros de uma equipe para alcançar os objetivos do projeto ou da organização.

FONTES
Circular, Sud e Tiempos

PAPEL
Alto Alvura 90 g/m²

IMPRESSÃO
Imprensa da Fé